20 Jahre Mauerfall

Dr. Eberhard Heuel

20 Jahre Mauerfall

Mit einem Vorwort von Hans-Dietrich Genscher

Weltbild

Inhalt

Vorwort 6

Die Mauer fällt
9. November 1989 8

Krisenhafte Gründungszeit
Die DDR bis zum Bau der Mauer 1961 40

Relative Stabilität
Die DDR in den Sechziger- und Siebzigerjahren 86

Ein Land vor dem Kollaps

Die DDR in den Achtzigerjahren 132

Stillstand und Aufbruch

Das Jahr 1989 164

Über dieses Buch 192

Vorwort

von Bundesminister a. D.
HANS-DIETRICH GENSCHER

Das Jahr 2009 ist für uns Deutsche das Jahr der guten Erinnerungen – jedenfalls wenn wir 20 Jahre und 60 Jahre zurückblicken. Vor 60 Jahren wurde das Grundgesetz für die Bundesrepublik Deutschland verabschiedet – die freiheitlichste Verfassung unserer Geschichte. Vor 20 Jahren wurde unser Land friedlich wiedervereinigt. Wiedervereinigt durch den Willen der Menschen, in Frieden und Freiheit miteinander leben zu können. Ja, es ist wahr, die Mauer wurde vom Osten her zum Einsturz gebracht. W i r sind das Volk!
   Das riefen die Bürgerinnen und Bürger Leipzigs am 9. Oktober 1989. Wir sind e i n Volk! Das bekundete ihren Willen zur Einheit. Keine Gewalt! Das bekundete ihren Willen zur friedlichen Erringung von Freiheit und Einheit. So wurde möglich, was viele für unmöglich gehalten hatten und was manche auch gar nicht mehr wollten. Die Friedenspolitik der Bundesrepublik Deutschland konnte Vertrauen schaffen. Nach Westen durch die Mitwirkung an der Einigung der demokratischen Staaten Europas und nach Osten durch die Ostvertragspolitik und durch unsere aktive Mitwirkung am KSZE-Prozess. Mit Dankbarkeit habe ich empfunden, dass ich daran mitwirken konnte. Mit Befriedigung habe ich erlebt, dass bei der großen europäischen Freiheitsrevolution des Jahres 1989 Deutsche dabei waren. Die Deutschen eben, die vom Osten her die Mauer zum Einsturz brachten.

Die Geschichte der Bundesrepublik Deutschland ist in diesem Jahr Thema vieler Rückblicke – zu Recht. Denn was nach dem Zweiten Weltkrieg geschah, ist ein wesentlicher und prägender Teil der Geschichte unseres Volkes. Dabei darf nicht vergessen werden, dass von 1949 bis zum Fall der Mauer 1989 die Deutschen in zwei gänzlich verschiedenen politischen, wirtschaftlichen und staatlichen Systemen lebten. 1949 entstanden die Bundesrepublik Deutschland und die DDR. Durch die Entscheidung der ersten frei gewählten Volkskammer trat die DDR der Bundesrepublik Deutschland zum 3. Oktober 1990 bei. Dieser Tag ist der Tag der staatlichen Vereinigung der Deutschen. Der Tag der Deutschen Einheit. Für die Bewusstseinsbildung unseres Volkes ist die Entwicklung in beiden deutschen Staaten von Bedeutung. Das Wissen um die Lebensbedingungen in jeder Hinsicht, in West und Ost, ermöglicht es, einander besser zu verstehen, respektvoll miteinander umzugehen und die Zukunft gemeinsam zu gestalten. Ja, es gab eine getrennte Entwicklung über 40 Jahre. Die Deutschen in der Bundesrepublik Deutschland konnten über ihren Weg frei entscheiden, die Deutschen in der DDR konnten es nicht.

Der gemeinsame Weg in die Zukunft begann auf der Grundlage unseres Grundgesetzes durch die in freier Selbstbestimmung vollzogene Vereinigung des Landes. Es soll eine Zukunft sein, die geprägt ist, wie es der Artikel 1 unseres Grundgesetzes sagt, von der Achtung der unveräußerlichen Würde des Menschen. Dazu gehören Freiheit, Demokratie und soziale Gerechtigkeit.

Vor diesem Hintergrund ist es zu begrüßen, dass der Autor in der Erinnerung an den Mauerfall die Geschichte der Deutschen in den beiden so gegensätzlichen gesellschaftlichen und politischen Systemen behandelt. Er ist dabei bemüht um ein differenziertes Bild fernab jeder tagespolitischen Polemik. Das wird besonders eindrucksvoll durch die Einbeziehung der Erfahrungen ehemaliger DDR-Bürger. Die Schicksale vieler Menschen erst formen das Schicksal eines ganzen Volkes. Deshalb wird ein Blick zurück in die Geschichte erst dann lebendig, wenn auch Einzelschicksale zur Geltung kommen.

Hans-Dietrich Genscher

Die Mauer fällt
9. November 1989

Es gibt Bilder, die sich tief in unsere kollektive Erinnerung eingebrannt haben, unauslöschlich, sodass sie uns ein Leben lang begleiten. Bilder, in denen dramatische Augenblicke unserer erlebten Geschichte festgehalten sind, Momente, die uns in positiver oder negativer Hinsicht berührt haben: die Flugzeuge, die 2001 in die Twin Towers in New York einschlagen; der Kniefall Willy Brandts vor dem Ehrenmal des Warschauer Gettos; der erste Schritt eines Menschen auf dem Mond.

Für uns Deutsche – und nicht nur für uns – gehört unzweifelhaft auch dieses Bild dazu: Tanzende und jubelnde Menschen auf der Berliner Mauer, dahinter das Brandenburger Tor, auf dem noch die Fahne der DDR weht. Es ist die Nacht vom 9. auf den 10. November 1989, die Nacht, in der sich völlig überraschend die Mauer öffnet und die jüngere deutsche Geschichte einen ihrer glücklichsten Momente erlebt.

Eine Stadt feiert die Freiheit

In dieser Nacht fließt der Sekt in Strömen – und welches Ereignis der Nachkriegsgeschichte hätte mehr Anlass dafür gegeben? Die Berliner können das unverhoffte Glück kaum fassen, als in den späten Nachtstunden des 9. November 1989 die Schlagbäume zwischen Ost- und Westberlin hochgezogen werden. Jeder ist auf den Beinen, um bei dieser wunderbaren Wende nach 28 Jahren gewaltsamer Teilung der Stadt dabei zu sein. Ganz Berlin strömt zu den Grenzübergängen und auf den Kurfürstendamm, um gemeinsam die Öffnung der Mauer, die wiedergewonnene Freiheit und das Wiedersehen zu feiern.

Von jubelnden Westberlinern begrüßt, schieben sich mitten in der Nacht endlose Kolonnen von Trabis, Wartburgs und Ladas hupend über die Grenzübergänge Bornholmer Straße, Sonnenallee oder Invalidenstraße. Zehntausende Menschen aus Ostberlin strömen nach Westen, Tausende Westberliner in Gegenrichtung zum Prenzlauer Berg und nach Friedrichshain. Feuerwerkskörper steigen hoch in den Nachthimmel, Wunderkerzen werden geschwenkt. »Wahnsinn« und »Ick glob dit einfach nich«, das sind die Parolen dieser rauschhaften Nacht, in der Berlin sein größtes und ausgelassenstes Volksfest feiert.

Es ist, als ob ein ungeheurer Druck von den Menschen abfallen würde, ein Druck, der sich über Jahrzehnte in dieser eingemauerten, geteilten Stadt aufgebaut hat und sich jetzt in unbändiger Freude und

> » Dass eine Revolution, die sozusagen in der Kirche herangewachsen ist und auf der Straße praktiziert wird in einem unchristlichen Land, dass eine Selbstbefreiung aus einer Diktatur stattfindet, das ist in der deutschen Geschichte ein einmaliger Vorgang. «
> Christian Führer

ausgelassenen Verbrüderungsszenen entlädt. Wildfremde liegen sich in den Armen, lachend und weinend zugleich.

Jeder Besucher aus Ostberlin wird in dieser Nacht wie ein lang erwarteter Freund gefeiert und mit Essen und Trinken freigehalten.

Jeder Trabi wird von den spalierstehenden Westberlinern abgeklopft, so als ob man sich vergewissern will, dass das, was hier geschieht, auch wirklich wahr ist.

Fassungsloses Staunen: Wer hätte bis zu diesem Tag daran geglaubt, dass er die Öffnung dieses »versteinerten und verstacheldrahteten Monsters«, wie DDR-Dissident Wolf Biermann die Mauer nannte, jemals erleben würde?

Es ist die Nacht der Nächte in Berlin, und es wird eine riesige Party, ein gigantisches Freudenfest.

Die friedliche Revolution

Das wirkliche Wunder der Geschichte vom Fall der Mauer ist vielleicht, dass sie gewaltfrei verläuft, friedlich und ohne Blutvergießen. Wer hätte sich bis zu diesem Zeitpunkt tatsächlich vorstellen können, selbst in seinen kühnsten Fantasien, dass die Staatsmacht der DDR widerstandslos die Grenzen öffnen und damit faktisch ihr Ende besiegeln würde? Wer hätte zu hoffen gewagt, dass dieser lang ersehnte Wendepunkt eintrifft, ohne dass Panzer auffahren, ohne dass der Ausnahmezustand ausgerufen wird, ohne dass der Staat seinen Bürgern den Krieg erklärt?

> » Privatreisen nach dem Ausland können ohne Vorliegen von Voraussetzungen beantragt werden. «
> Günter Schabowski
> zu Riccardo Ehrman

Es gibt genügend historische Beispiele für die gewaltsame Unterdrückung von Volksbewegungen in den sozialistischen Staaten: 1953 in Berlin, 1956 in Budapest, 1968 in Prag und zuletzt noch, erst wenige Monate vor diesem November, auf dem Platz des himmlischen Friedens in Peking.

Friedlich bleiben in dieser Nacht auch die Bürger Berlins, als sie die eben noch todbringende Grenze überwinden. Nirgends gibt es Racheakte gegenüber den offiziellen Vertretern der DDR-Staatsmacht, keine Hassausbrüche gegen Passkontrolleure und Grenzsoldaten.

Auch die Grenzbeamten werden von Aus- und Einreisenden umarmt, geküsst und beschenkt und manchmal auch getröstet, denn für sie, die sich mit ihrem Eid auf die Sicherung der mauerbewehrten Grenze verpflichtet haben, bricht gerade eine Welt zusammen. Im allgemeinen Glückstaumel ist kein Raum für Revanche und Aggression. Die Nacht vom 9. auf den 10. November 1989 wird zum schönsten und symbolträchtigsten Moment der friedlichen Revolution.

Die Rolle des Zufalls

Wer weiß, ob es so gekommen wäre, wenn an diesem denkwürdigen Tag nicht der Zufall die Weltgeschichte ins Rollen gebracht hätte. Es war purer Zufall, dass der Berliner SED-Sekretär Günter Schabowski schlecht vorbereitet in eine Pressekonferenz ging. Es war Zufall, dass der italienische Journalist Riccardo Ehrman ihm am Ende dieser Pressekonferenz eine Frage zur Reisefreiheit stellte, auf die er eine äußerst konfuse Antwort erhielt.

Schließlich war es ein Zufall, dass die Grenztruppen an den Übergängen in dieser Nacht keine eindeutigen Weisungen erhielten, wie sie angesichts der verwirrenden Nachrichtenlage zur Reisefreiheit reagieren sollten.

> » Das tritt nach meiner Kenntnis … ist das sofort, unverzüglich. «
>
> Günter Schabowski
> auf Ehrmans Nachfrage

Aber der Reihe nach: Um 18 Uhr beginnt im »Internationalen Pressezentrum« in der Berliner Mohrenstraße die Pressekonferenz mit Günter Schabowski, dem neu ernannten Sprecher des Zentralkomitees der SED und damit des innersten Machtzirkels der DDR. Das DDR-Fernsehen überträgt live und hat sogar das »Sandmännchen« ins zweite Programm verschoben. Solche Pressekonferenzen sind etwas radikal Neues in der DDR: Journalisten müssen ihre Fragen nicht mehr vorab schriftlich einreichen, sondern dürfen sie spontan und ungefiltert stellen. Das kann, wie an diesem Abend, eine ungeplante Dynamik entwickeln. Trotz der turbulenten Zeiten für die DDR-Führung ist aber an diesem 9. November offenbar nicht viel Interessantes aus der laufenden Sitzung des ZK zu berichten. Nur der letzte Punkt, auf den Schabowski nach fast einer Stunde zu sprechen kommt, hat es in sich. »Verlesen Text Reiseregelung« hat er auf seinem Zettel notiert.

Kein Thema hat die Menschen in der DDR in den Monaten zuvor mehr bewegt als die Frage der Reisefreiheit. Für viele ist es der Wunsch nach der endgültigen Ausreise aus einem ungeliebten Staat gewesen – sie haben sich im Sommer in die westdeutschen Botschaften in Prag, Budapest und Warschau geflüchtet, bis sich für sie der Eiserne Vorhang öffnete. Mehr als 100 000 Bürger haben auf diesem Weg über andere sozialistische Staaten allein von Jahresbeginn bis Oktober 1989 der DDR den Rücken gekehrt. Für viele andere geht es um das Menschenrecht, sich frei bewegen zu dürfen, nach Paris oder München reisen zu können, um jedoch anschließend wieder zurückzukommen.

Sie gehen seit Wochen in Leipzig, Berlin, Dresden und vielen anderen Städten und Ortschaften der DDR auf die Straße und fordern in ihren Demonstrationen uneingeschränkte Reisefreiheit für alle. »Visafrei bis Hawaii« heißt es auf den Plakaten.

9. November 1989

Das DDR-Regime muss reagieren – zu groß ist der Druck der demonstrierenden Menschenmassen auf den Straßen. Doch die Verantwortlichen handeln viel zu spät und zu zaghaft, als dass sie ihre Macht am Ende erhalten könnten. Ein neues Reisegesetz, das der Ministerrat drei Tage vor dem 9. November in die Volkskammer eingebracht hat, beinhaltet eine minimale Öffnung.

Aber der Staat behält sich immer noch vor, den Reisepass zu verweigern, und auch die Reisedauer soll begrenzt bleiben. Das reicht in der aufgeheizten Atmosphäre dieser Novembertage nicht mehr. Die SED-Oberen müssen nachbessern, und der bullige Günter Schabowski, der sich volksnah und reformfreudig gibt, soll die neue Regelung öffentlich machen. Nur: er kennt sie nicht so genau, weil er die Beratungen im Zentralkomitee zu diesem Punkt versäumt hat.

Als ihn zum Ende der Pressekonferenz Riccardo Ehrman fragt, ob nicht der Reisegesetzentwurf vor einigen Tagen ein großer Fehler war, rettet sich Schabowski in einen unzusammenhängenden Wortschwall, der jedoch an einer Stelle die versammelten Journalisten und TV-Teams elektrisiert: Heute sei eine Entscheidung getroffen worden, »die es jedem Bürger der DDR möglich macht, über Grenzübergangspunkte der DDR auszureisen.« Ob das sofort möglich sei, lautet die nächste Frage, auf die sich der überforderte Sprecher des SED-Zentralkomitees am Kopf kratzt, aus seinen Unterlagen einen Zettel hervorzieht und den Wortlaut der Regelung vorliest, den er selbst bis zu dieser Minute noch nicht kannte.

Die neuen Reisebestimmungen sind kompliziert und in sich widersprüchlich. Wer die DDR endgültig verlassen will, soll das ohne Umweg über Drittstaaten tun. Jeder DDR-Bürger soll auch als Tourist in den Westen reisen dürfen, ohne besondere Voraussetzungen und mit sofortiger Genehmigung. Doch die Grenze – also auch die Mauer – soll weiter Bestand haben. In der Praxis hieße das: DDR-Bürger müssen weiterhin einen Reiseantrag stellen, sie brauchen ein Visum und einen Reisepass. Am folgenden Tag soll diese Regelung in Kraft treten. Aber das wird im gestammelten Vortrag Schabowskis nicht recht deutlich. Die Journalisten verstehen: Die Mauer wird geöffnet! Auf die neuerliche Frage: »Ab wann tritt das in Kraft?« antwortet der improvisierende SED-Sprecher: »Nach meiner Kenntnis ... ist das sofort, unverzüglich.«

Kurz nach 19 Uhr schicken die ersten Nachrichtenagenturen die Eilmeldung um die Welt, und die missverstandene Botschaft der sofortigen Grenzöffnung verbreitet sich wie ein Lauffeuer. Über Fernsehen und Rundfunk erreicht sie die Menschen in Ostberlin und bringt sie in Bewegung, zu Fuß, per Straßenbahn, mit dem Auto.

Niemand weiß so recht, was Schabowski genau gemeint hat und was das in der Praxis bedeutet. Um es herauszufinden, strömen immer mehr Menschen zu den Grenzübergängen. Eine verkürzte, falsch interpretierte Nachricht schafft sich ihre eigene Realität und führt letztlich noch in derselben Nacht zum Fall der Mauer.

Vom Wunsch zur Wirklichkeit

Der Grenzübergang Bornholmer Straße ist einer der schwer bewachten Passierstellen zwischen Ost- und Westberlin. Früher, bis zum Bau der Mauer im Jahr 1961, verband die Bornholmer Straße über die Bösebrücke die Bezirke Prenzlauer Berg und Wedding. Seither ist sie eine Sackgasse, in der sich nur für wenige privilegierte DDR-Bürger, Ausgebürgerte oder Rentner auf Westbesuch, der Schlagbaum hebt.

> » Ich hatte das immer drängendere Gefühl: Wenn ich jetzt nicht auch mit auf die Straße gehe, demonstriere, mich an den öffentlichen Diskussionen beteilige und für eine Änderung der DDR sorge, dann werde ich mich mein ganzes weiteres Leben lang vor meinen Kindern und mir selbst schämen. «
> Wolfgang Thierse

Die Bewohner des nahen Stadtteils Prenzlauer Berg, wo die Ostberliner Boheme zu Hause ist, sind als erste zur Stelle, als die Nachrichtensendungen aus dem Westen die Sensationsmeldung von der sofortigen Öffnung der Grenze verbreiten. Schon stauen sich die ersten Trabis und Ladas in der Bornholmer Straße.

Verunsicherten, ratlosen, völlig überforderten Grenzwächtern, die keine neuen Anweisungen bekommen haben, stehen hier nach 21 Uhr bald Tausende selbstbewusster Menschen gegenüber. Sie haben keine Angst mehr vor den bewaffneten Grenzern, sondern warten neugierig, gelassen und in Feierstimmung auf das, was geschehen wird. »Macht das Tor auf!«, rufen die ersten. »Der Schabowski hat es doch im Fernsehen gesagt.« Sie wollen »rüber«, manche endgültig, die meisten »nur mal zum Kieken«. Der Druck auf die Grenzposten wird größer, aber noch bleibt die Grenze geschlossen.

Währenddessen eilt man in Westdeutschland schon der Faktenlage voraus. Nachdem die Abendnachrichten von ZDF und ARD berichtet haben, dass die DDR ihre Grenzen ab sofort öffnet, wird in der laufenden Sitzung des Bundestages in Bonn gegen 21 Uhr eine entsprechende Meldung der Nachrichtenagentur dpa verlesen. In kurzen Erklärungen würdigen führende Politiker den historischen Augenblick, bevor spontan die Nationalhymne angestimmt wird. Nach Abbruch der Sitzung verlassen viele Abgeordnete, unter ihnen Willy Brandt, der ehemalige Regierende Bürgermeister von Berlin, in Tränen aufgelöst den Saal.

Noch aber ist die Öffnung der Mauer nicht Wirklichkeit geworden, noch ist sie nicht mehr als eine Medien-Meldung. Dies ist auch zum Zeitpunkt der spätabendlichen ARD-Tagesthemen der Fall, als Moderator Hanns-Joachim

9. November 1989

Friedrichs um 22:42 Uhr sagt: »Dieser 9. November ist ein historischer Tag. Die DDR hat mitgeteilt, dass ihre Grenzen ab sofort für jedermann geöffnet sind. Die Tore in der Mauer stehen weit offen.« Das ist zu diesem Zeitpunkt keineswegs wahr, aber der Nachrichtenstrom entwickelt seine eigene Dynamik und lässt den Wunsch am Ende zum Vater des historischen Geschehens werden.

Am Grenzübergang Bornholmer Straße ist an diesem Abend der Kesseldruck am höchsten. Die Kolonne der Trabis staut sich am Ende auf etwa zwei Kilometer. Die Zahl der Bürger, die in diesem dicht besiedelten Bezirk zum nahen Grenzpunkt strömen und sehen wollen, was sich dort tut und ob sich die Mauer wirklich öffnen wird, schätzt man später auf über 20 000. »Wir wollen rüber!«, tönt es aus der Menge, und ebenso: »Wir kommen zurück!«

> » Im Umgang mit Superlativen ist Vorsicht geboten, sie nutzen sich leicht ab, aber heute Abend darf man einen riskieren: Dieser 9. November ist ein historischer Tag. Die DDR hat mitgeteilt, dass ihre Grenzen ab sofort für jedermann geöffnet sind. Die Tore in der Mauer stehen weit offen. «
> Hanns-Joachim Friedrichs

Die wachhabenden Grenzer fühlen sich von ihren Oberen alleingelassen. Auch sie haben den Auftritt Schabowskis im DDR-Fernsehen verfolgt, und jetzt fehlen ihnen Anweisungen, was genau sie in dieser prekären Situation tun sollen. Versuche zur Deeskalation gehen ins Leere: Die Wartenden wollen sich nicht damit abspeisen lassen, dass für den Grenzübertritt weiterhin eine Genehmigung nötig ist, wie es die neue Reiseregelung tatsächlich vorsieht, und dass sie am nächsten Tag wiederkommen sollen. Sie berufen sich lauthals auf die Ankündigung Schabowskis, dass der Durchlass »unverzüglich« möglich sei.

Oberstleutnant Harald Jäger, der an diesem Abend das Kommando über die Passkontrolleinheit an der Bornholmer Straße hat, erhält von seinem Vorgesetzten in der Stasi-Hauptabteilung telefonisch die Anweisung, besonders lautstark und provokativ auftretende Bürger am Grenzübergang sofort ausreisen zu lassen und damit das Druckventil ein klein wenig zu öffnen. Was die Ausreisenden allerdings nicht erfahren sollen: Ihre Personalausweise werden durch Stempel auf das Passfoto ungültig gemacht. Sie sind damit faktisch aus der DDR ausgebürgert. Es ist eine perfide und DDR-typische Lösung, sich die hartnäckigsten Kritiker durch Ausbürgerung vom Hals zu schaffen – allerdings hat sie nach dieser Nacht keine Konsequenzen mehr.

Das Kalkül geht ohnehin nicht auf. Für einige öffnet sich tatsächlich die Tür nach Westen, ohne Genehmigung, ohne Visum und Pass. Aber die anderen, die in der Bornholmer Straße zurückbleiben, fordern umso vehementer das gleiche Recht. Schon wollen von der Westseite her auch die ersten

Reisenden wieder zurück – nach Hause, zu ihren schlafenden Kindern und am Morgen zur Arbeit. »Tor auf!«, skandiert die Menge auf der Ostseite, und die erste Barriere, den Drahtgitterzaun vor dem Grenzübergang, haben sie schon weggeräumt. Tausende drücken von hinten nach, und es ist in diesem Tumult jeden Augenblick damit zu rechnen, dass die andrängenden Menschen den Grenzübergang überrennen.

Die wachhabenden Passkontrolleure und Grenztruppen müssen sich entscheiden: Werden sie diese Grenze auch jetzt noch gegen die eigenen Staatsbürger verteidigen und den »ungesetzlichen Grenzübertritt«, wie es ihre Dienstpflicht ist, notfalls mit Waffengewalt verhindern? Eine blutige Auseinandersetzung scheint zu diesem Zeitpunkt nicht ausgeschlossen.

> Blieben oppositionelles Engagement und sichtbarer Widerspruch über viele Jahre hinweg auch nur eine Randerscheinung, so stellt die Friedliche Revolution von 1989 mit dem Sturz der SED-Herrschaft doch schließlich einen triumphalen Erfolg des Freiheitswillens der Menschen in der DDR dar.
> Christian Führer

Dass es anders kommt und die dramatische Situation gewaltfrei aufgelöst wird, ist vor allem Harald Jäger zu verdanken, dem diensthabenden Kommandeur der Passkontrolleure. Er entscheidet schließlich eigenmächtig, dem Druck der Menschen nachzugeben und die Grenze bedingungslos zu öffnen, ohne Kontrolle, für jeden. Seine telefonische Meldung an die Stasi-Oberen lautet: »Es ist nicht mehr zu halten (…). Ich stelle die Kontrollen ein und lasse die Leute raus.« Es folgt die Weisung an die Grenzsoldaten in der zweiten Linie der Sperrzone: »Wir fluten jetzt! Wir machen alles auf!«

Es ist 23:30 Uhr in dieser feuchtkalten Berliner Nacht. Endlich heben sich die Schlagbäume, und eine tanzende, ausgelassene Menschenmenge wird über die S-Bahn-Schneise auf die Westseite der geteilten Stadt hinübergespült, eskortiert von einer endlosen Schlange heillos überfüllter, wild hupender Trabis. Rainer Eppelmann, Pfarrer der Samariterkirche in Friedrichshain und Mitglied der Oppositionsgruppe »Demokratischer Aufbruch«, ist dabei, als die Grenze an der Bornholmer Straße geöffnet wird. Ihm bleibt vor allem das Bild einer jungen Frau in Erinnerung, die in diesem Tumult einem jungen, verwirrten Grenzsoldaten eine Blume überreicht und »Dankeschön« sagt. Ihre versöhnliche Geste bringt sehr eindrücklich die friedliche und fröhliche Atmosphäre zum Ausdruck, in der sich die Spannungen dieser Nacht schließlich auflösen.

Wenig später werden auf Anweisung der Staatsführung auch alle anderen Grenzübergänge in Berlin geöffnet, sodass kurz nach Mitternacht die Mauer überall überquert werden kann. Auch die Grenzübergänge zwischen Westberlin und dem Berliner Hinterland und zwischen der DDR und der

9. November 1989

Bundesrepublik generell werden ohne Visum passierbar. In Berlin sind es Zehntausende, die noch in derselben Nacht den Weg nach Westen antreten, die meisten von ihnen zum ersten Mal.

Das Brandenburger Tor – Symbol der Vereinigung

Die Mauer ist Vergangenheit. Das wird in dieser Nacht nirgends so deutlich wie am symbolträchtigsten Punkt der geteilten Stadt Berlin, dem Brandenburger Tor. Während auf dem Kurfürstendamm, in Kreuzberg und in Prenzlauer Berg gefeiert wird, haben hier Hunderte von Westen her die Mauer erklommen, die noch wenige Stunden zuvor Teil eines Todesstreifens war und die unüberwindliche Grenzlinie zwischen zwei verfeindeten Systemen markierte. Wie einfach das plötzlich ist, hinaufzuklettern und sich den architektonischen Alptraum dieses »Schutzwalls« fröhlich zu erobern! Da gibt es keine wirkliche Bedrohung mehr, sondern die Mauer erscheint plötzlich nur noch als eine monströse Anhäufung von Zement.

Schon sind auch die ersten »Mauerspechte« am Werk und hämmern Löcher in den brüchigen Zement. Die Mauer vor dem Brandenburger Tor als löchrige Ruine, auf der die Menschen tanzen: Welches Bild könnte besser verdeutlichen, dass eine friedliche Volksbewegung das Regime in die Knie gezwungen hat?

So wie die Erstürmung der Bastille 200 Jahre zuvor zum mythischen Datum der siegreichen Revolution in Frankreich wurde, so symbolisiert jetzt die Öffnung der Mauer und ihre lustvolle »Begehung« durch ausgelassen tanzende Menschen vor dem Wahrzeichen Berlins das Ende eines Regimes und den Beginn einer neuen Epoche.

Auch das DDR-Regime misst dem Grenzabschnitt beim Brandenburger Tor eine besondere Bedeutung zu. Das Wahrzeichen der Stadt ist zugleich nationales Symbol und Sinnbild der mauerbewehrten deutschen Teilung. Die Grenztruppen bemühen sich daher, nach Mitternacht die Menschen an dieser Stelle von der Mauerkrone herunterzuholen, durch Zureden über Lautsprecher, durch improvisierte Wasserwerfer, nicht aber durch den Gebrauch von Waffen. Erfolg haben sie nicht. Auch von Osten her gelingt es vielen Menschen, die Sperranlagen am Pariser Platz zu überwinden, sie flanieren durch das Brandenburger Tor und lassen sich auf die Mauer hinaufziehen.

Die DDR-Grenztruppen werden derweil in erhöhte Gefechtsbereitschaft versetzt, Verstärkung rückt an. In den frühen Morgenstunden räumen sie die Gegend um das Tor, doch die feiernden Menschen auf der Mauer behaupten sich.

Was bleibt, sind die Bilder dieser Nacht vor dem Brandenburger Tor. In ihnen verdichtet sich der große historische Moment: die friedliche Eroberung der Mauer und das Glück der überwundenen Teilung. Das Brandenburger Tor wird schon wenige Wochen danach seinen Charakter als Durchlasspforte zurückerhalten. Dies ist »unser Bild«, das Bild, das uns immer vor Augen stehen wird, wenn wir an den Fall der Mauer und das Ende der deutschen Teilung denken.

Die Führung gibt auf

Die Mauer fällt in dieser dramatischen Nacht ohne Plan, ohne klare politische Entscheidung und ohne ausdrücklichen Befehl. Die Öffnung der Grenzen verdankt sich neben einigen glücklichen Zufällen am Ende aber dem nachdrücklichen, selbstbewussten Auftreten der DDR-Bürger, die einem zerfallenden Machtapparat ihr Recht auf Reisefreiheit und Freizügigkeit abtrotzen. Wie gelähmt die DDR-Führung mittlerweile ist, zeigt das Verhalten der politischen und militärischen Verantwortlichen in dieser Nacht: Sie tauchen ab und lassen hilflos geschehen, was doch der Anfang vom Ende ihres Staates sein muss. Eines Staates, der jetzt, nachdem die Mauer geöffnet ist, wie ein Kartenhaus zusammenfallen wird.

> » Es herrschte eine Mischung aus Euphorie und Irrsinn, und es war schwierig zu begreifen, was da gerade passierte. «
> Michael Schmitz

Noch ein letztes Mal versucht dieser Staat, seine Autorität zu retten. Die Grenzübergänge wieder zu schließen, notfalls mit militärischen Mitteln, scheidet nach den Erfahrungen der letzten Nacht als Möglichkeit aus – man befürchtet, einen Bürgerkrieg auszulösen. Der Einsatz von Gewalt gegen das eigene Volk, also die »chinesische Lösung«, wird von der gesamten Staatsführung abgelehnt. Auch die »Schutzmacht« Sowjetunion hat kein Interesse an einer militärischen Intervention. Stattdessen soll am folgenden Tag, dem 10. November 1989, zumindest das »Grenzregime«, also die formalen Regelungen zur Aus- und Einreise, wieder durchgesetzt werden. Wer ausreist, soll dies »legal« und kontrolliert tun – so scheint der Staat sein Gesicht zu wahren und wieder Kontrolle über die Situation zu gewinnen.

Hunderttausende stehen bald vor den Meldestellen der Volkspolizei geduldig Schlange, um sich Reisevisa in ihre Personalausweise stempeln zu lassen, nicht nur in Berlin, sondern überall in der DDR. Am Wochenende des 11. und 12. November schwillt der Treck dann zur Massenbewegung an: Etwa eine Million DDR-Bürger fahren in die Bundesrepublik, die sie bisher nur aus dem Westfernsehen kannten; in Westberlin schätzt man die Besucher am Samstag auf eineinhalb Millionen, am Sonntag noch einmal auf eine Million. Teilweise stauen sich die Autokolonnen vor der Grenze auf einer Strecke von 100 Kilometern; in Westberlin bricht der Verkehr in der Innenstadt ganz zusammen. An einen geregelten Grenzverkehr ist bei diesem

9. November 1989

gewaltigen Ansturm nicht mehr zu denken, in den meisten Fällen werden die Übergänge geöffnet und die Kontrollen eingestellt. Überall entstehen neue Übergangsstellen und Durchlässe in der Mauer, ohne dass die zuständige Stasi-Behörde noch Einfluss nehmen könnte. Für alle sichtbar verliert der Machtapparat der DDR die Kontrolle über die Staatsgrenzen – es ist das Menetekel für den totalen Kontrollverlust über das eigene Volk.

An diesem Wochenende ist der Kurfürstendamm in Westberlin schwarz von Menschen. Aus reinem Interesse, aber auch zum Einkaufen sind sie über die Grenze gekommen: Westware, Südfrüchte, Zeitungen. Das Ladenschlussgesetz wird kurzfristig außer Kraft gesetzt. Das Budget der Besucher aber ist schmal. 15 Mark Ost können regulär an der Grenze in 15 DM West eingetauscht werden, 100 DM erhält jeder DDR-Bürger im Westen einmalig als »Begrüßungsgeld«. Das erlaubt keine großen Einkäufe, und die eigene Währung, das wird jetzt schmerzlich bewusst, ist bei einem Umtauschkurs auf dem Schwarzmarkt von 10:1 (später von 20:1) in den Konsumtempeln des Westens kaum etwas wert. In die Freude über die neu gewonnene Reisefreiheit mischt sich als bitterer Wermutstropfen die Erkenntnis, dass man mit einer fast wertlosen Währung auf Dauer der arme Verwandte des Westens bleiben wird. Der Schock dieser Erfahrung ist gewaltig, und er heizt die politische Dynamik der folgenden Monate an: Mit dem Fall der Mauer und der Öffnung der Grenzen wird schonungslos deutlich, wie marode die wirtschaftliche Situation der DDR ist. Sie enthüllt sich in diesen Tagen als ein an allen Gliedern kranker Staat, der nicht mehr zu retten ist.

> » Freiheit ist ein Genuss. Aber ihr Gebrauch bedarf, um nicht zur Willkür zu werden, einiger menschen-, natur- und sozialverträglicher Regeln. Das sind auch drei der großen Fragen gewesen, die uns im Herbst 1989 beschäftigt haben: Wie bleibt Frieden? Wie wird Gerechtigkeit? Und wie erhalten wir diese wunderbare Schöpfung? Die Dinge bleiben als Aufgabe, aber glücklicherweise unter den Bedingungen der Demokratie. «
> Friedrich Schorlemmer

Wende und Ende?

Mit dem Fall der Mauer zerbricht die eiserne Klammer, die die DDR zusammengehalten hatte. Nicht einmal ein Jahr wird es von dem historischen 9. November 1989 an dauern, bis dieser Staat endgültig liquidiert wird. Auch wenn es an diesem Tag noch keiner ausspricht: Mit der Öffnung der innerdeutschen Grenzen steht auch die Frage nach der Vereinigung der beiden deutschen Staaten auf der Tagesordnung. Hier geht wahrhaftig eine Epoche zu Ende, die Zeit des Kalten Krieges und des erbitterten Systemkonflikts zwischen Ost und West. Für einen Moment scheint die Zukunft plötzlich vollkommen offen.

Von diesem historischen Tag aus soll sich der Blick aber auch noch einmal zurückwenden. Mit der friedlichen Revolution des Jahres 1989 und dem Fall der Mauer bricht ein Staat zusammen, dessen Geschichte immerhin 40 Jahre umfasst und der für viele Millionen Menschen Heimat war, Alltag, der Raum, in dem sie ihre Lebenspläne verfolgt haben. In der vielschichtigen Wirklichkeit der DDR haben die Menschen widersprüchliche Erfahrungen gemacht. Wie entstand und entwickelte sich dieser Staat? Wie kam es zu dem ungeheurlichen Plan, eine übermannshohe Mauer durch Deutschland zu bauen? Wie lebte es sich in diesem abgeriegelten Land? Wie kommt es schließlich nach langen Jahren der bleiernen Ruhe zu ersten Zeichen des Widerstandes? Was hielt diesen Staat stabil, und was brachte ihn am Ende zu Fall? Die Bilder und Texte dieses Buches gehen solchen Fragen nach. Sie dokumentieren und kommentieren vier Jahrzehnte DDR-Geschichte.

9. November 1989

Oktober 1989. Das Wahrzeichen Berlins, das Brandenburger Tor, liegt seit 28 Jahren unerreichbar hinter der monströsen Betonmauer, die Ost- und Westberlin voneinander trennt. Auf westlicher Seite ist die Mauer wie überall in Berlin mit Graffiti bemalt. Von Osten her verhindert der Todesstreifen jede Annäherung an die Grenzbefestigung (Bild oben). Noch scheint es unvorstellbar, dass dieses Tor in wenigen Wochen wieder offen stehen wird. Am Ende jedoch spielt der Zufall Weltgeschichte. Eine missverständliche Aussage von Günter Schabowski (Bild rechts oben), Sprecher des SED-Politbüros, zum neuen Reisegesetz der DDR lässt bei einer Pressekonferenz am Abend des 9. November 1989 den Eindruck entstehen, die Grenze sei ab sofort für jeden geöffnet. Die *Aktuelle Kamera* des DDR-Fernsehens informiert um 19:30 Uhr zwar noch korrekt über die neuen Reiseregelungen (Bild rechts unten), aber die Botschaft ist nicht mehr aufzuhalten. Tausende Ostberliner machen sich auf den Weg zu den Grenzübergängen.

9. November 1989

Die Mauer ist offen. In den späten Nachtstunden des 9. November 1989 können die Grenztruppen dem Druck der Menschen am Grenzübergang Bornholmer Straße nicht mehr standhalten und öffnen die Schlagbäume. Bis Mitternacht folgen die anderen Kontrollpunkte. Ganz Berlin versinkt im Taumel des glücklichen Wiedersehens. Jubelnde Westberliner begrüßen die langen Schlangen von hupenden Trabis und Ladas, die zum ersten Mal den Weg nach Westen nehmen. Hier eine ausgelassene Begrüßungsszene am Übergang Sonnenallee in Berlin-Treptow in der Nacht des Mauerfalls (Bild oben). Die drei jungen Ostberliner, die am folgenden Tag, dem 10. November 1989, die Grenze nach Westen nur mit Personalausweis passiert haben, können ihr Glück noch nicht fassen (Bild rechts). Das Victory-Zeichen gilt dem historischen Sieg über die Unfreiheit.

» Wir haben bis zum Morgen bei einer Flasche Sekt die Nachrichten aufgesaugt und sind dann früh 7.00 Uhr zur Volkspolizeidienststelle gegangen, um den Stempel für die Ausreise zu bekommen. «
Dagmar Schipanski

9. November 1989

Überall an der innerdeutschen Grenze spielen sich in dieser Nacht und an den folgenden Tagen Szenen unbändiger Freude und spontaner Verbrüderung ab. Hier überquert ein glückstrahlender DDR-Bürger auf seinem Roller den Grenzübergang Helmstedt (Bild oben). Ein Trabifahrer wird von begeisterten Westdeutschen am Straßenrand mit schwarz-rot-goldener Fahne begrüßt (Bild rechts).

» Ich hatte ein Motorrad und fuhr stundenlang durch Straßen, die man früher nicht entlangfahren durfte. Ich berauschte mich an diesem Gefühl, dass die Stadt offen ist. «
Michael Schmitz

9. November 1989

Die Mauer am Brandenburger Tor wird noch in der Nacht des 9. November von West- und Ostberlinern gestürmt. Kein anderer Punkt der geteilten Stadt Berlin ist so symbolträchtig wie dieser. Hier sammeln sich Tausende von Menschen, um den großen historischen Augenblick mitzuerleben und mitzufeiern. Dicht an dicht stehen und sitzen sie auf der Mauerkrone, trinken und tanzen und sind nicht zu bewegen, die Mauer wieder den Grenzwächtern zu überlassen. Vor dem Wahrzeichen Berlins, auf dem immer noch die Fahne der DDR weht, demonstriert eine ausgelassene Menschenmenge, dass der Albtraum der Mauer überwunden ist und die Teilung ein Ende hat.

9. November 1989

Der eine beschwört schon die kommende Einheit, der andere versucht Schadensbegrenzung in höchster Not. Im Westen wie im Osten Berlins versammeln sich am Abend des 10. November 1989 zehntausende Menschen zu Kundgebungen. Vor dem Schöneberger Rathaus in Westberlin gibt Altbundeskanzler Willy Brandt, der beim Bau der Mauer 1961 Regierender Bürgermeister von Berlin war, die Losung aus, dass jetzt zusammenwächst, »was zusammengehört«. Mit ihm auf dem Podium sind Außenminister Hans-Dietrich Genscher (Bild oben, vorn) und Bundeskanzler Helmut Kohl (im Hintergrund), der seinen Staatsbesuch in Polen für dieses Ereignis unterbrochen hat.

Zum gleichen Zeitpunkt hat die SED im Ostberliner Lustgarten zu einer Kundgebung aufgerufen. Noch einmal versammeln sich 150 000 zutiefst verunsicherte Genossen, die von ihrer Parteiführung grundlegende Veränderungen einfordern. Unter dem Druck der Verhältnisse gibt sich auch Egon Krenz, der neue Generalsekretär der Partei, gesprächsbereit (Bild oben). Aber es ist zu spät. Mit dem Fall der Mauer beschleunigt sich der Machtverfall der SED auf allen Ebenen von Staat und Gesellschaft.

9. November 1989

Das Grenzregime der DDR versucht verzweifelt, einen Rest hoheitlicher Autorität zu wahren. Das gilt vor allem dort, wo der Symbolcharakter am höchsten ist. Am Brandenburger Tor werden noch in der Nacht zum 10. November Verstärkungstruppen und Wasserwerfer aufgeboten, um zumindest den Vorplatz der Mauer auf östlicher Seite zu räumen. Die feiernden Menschen auf der Mauerkrone behaupten sich und schauen gelassen hinunter auf die Postenkette ratloser und zutiefst verunsicherter DDR-Grenzsoldaten, die sich von ihrer Staatsführung im Stich gelassen fühlen (Bild rechts oben). Einige Wochen später hat sich die Haltung der DDR-Grenzer schon sichtlich entspannt. Hier stehen sie am 20. Dezember 1989 auf der noch intakten Mauer am Brandenburger Tor und schauen neugierig in den Westteil der Stadt (Bild links). Ratlos scheinen jetzt eher die beiden Westberliner Polizisten vor der Mauer zu sein. Was sollen sie hier noch bewachen? Zwei Tage später wird das Brandenburger Tor wiedereröffnet. Andere Grenzübergänge sind bereits unmittelbar nach dem Mauerfall neu entstanden. Am 12. November wird an der Brache des Potsdamer Platzes ein provisorischer Grenzdurchgang geschaffen, der fünfte seit dem Fall der Mauer. Vor einer großen Menschenmenge auf westlicher Seite fegen und befestigen Grenzsoldaten der DDR den Durchgang, der anschließend von den beiden Bürgermeistern Walter Momper (West) und Erhard Krack (Ost) eingeweiht wird (Bild rechts unten).

9. November 1989

Die Mauer steht offen, und Millionen DDR-Bürger machen sich gleich am ersten Wochenende auf den Weg nach Westen, um die neue Freiheit zu genießen. Für die meisten ist es das erste Mal. Auf dem Kürfürstendamm ist kein Durchkommen mehr (Bild oben). Etwa zweieinhalb Millionen Gäste aus dem Osten schieben sich am Samstag und Sonntag an den verlockenden Schaufenstern der Konsumpaläste vorbei. Zuvor haben sie geduldig an den Grenzübergängen ausgeharrt, wie hier im Bahnhof Friedrichstraße (Bild rechts). Die Schlange der Wartenden vor der Visumsausgabe zieht sich außerhalb noch mehr als einen Kilometer um den Bahnhof herum. Erst Wochen später wird sich die Lage an der innerdeutschen Grenze und zwischen Ost- und Westberlin normalisieren.

>> Die Grenzer, die noch am vorhergehenden Morgen mit herrischer Selbstgewissheit dagestanden und uns signalisiert hatten: Uns kann sowieso keiner was, waren nun aschfahl im Gesicht und konnten den Blicken nicht standhalten. <<
Michael Schmitz

9. November 1989

Die Meldestellen der Volkspolizei müssen Sonderschichten einlegen. In Fließbandarbeit werden Reisepässe ausgestellt, mit denen DDR-Bürger sofort die Grenze zum Westen für private Reisen überqueren dürfen. Die Mitarbeiterinnen der Meldestelle in der Frankfurter Allee in Berlin-Lichtenberg am 10. November 1989 sind angesichts des Massenansturms nicht zu beneiden, machen aber einen recht entspannten Eindruck (Bild oben). Nicht weniger entspannt wirken die beiden DDR-Grenzsoldaten, die hier am selben Tag auf der Mauer in Berlin Wache schieben. Die Feindbilder scheinen sich in rasantem Tempo zu verflüchtigen: Die beiden nehmen lachend Blumen entgegen, die ihnen von westlicher Seite gereicht werden (Bild rechts).

9. November 1989

Der Westen lockt mit seinen Kaufhauspalästen. Doch was können sich die Besucher aus dem Osten mit ihrem schmalen Devisen-Budget schon kaufen? Das Begrüßungsgeld von 100 DM, das jeder DDR-Bürger nach dem Mauerfall einmalig erhält, ist schnell aufgebraucht. Hier warten Besucher aus dem Osten geduldig vor einer Westberliner Filiale der Deutschen Bank auf die Auszahlung des Begrüßungsgeldes (Bild rechts oben). Wer seine ersparten DDR-Mark mitgebracht hat, wird bitter enttäuscht. Der Umtauschkurs beträgt 10:1, wie das Schild einer Wechselstelle in Berlin am 11. November 1989 anzeigt (Bild rechts unten): Die Ostmark ist im Westen fast wertlos. Umso begehrter sind kleine Geschenke, die in den ersten Tagen nach der Maueröffnung überall in Berlin an die Gäste aus dem Osten verteilt werden, hier von der Ladefläche eines Lastwagens im Bezirk Tiergarten (Bild oben).

9. November 1989

Innerhalb einer Nacht hat die Mauer allen Schrecken verloren. Kaum haben sich die Grenzübergänge am 9. November 1989 geöffnet, gehen die ersten mit Hammer und Meißel ans Werk und schlagen Bruchstücke aus der Betonwand. Jeder will seine Trophäe mit nach Hause nehmen, selbst Kinder versuchen sich als »Mauerspecht« (Bild rechts). Noch stehen zwar die Hüter der Grenzbefestigung Wache, wie hier am 20. Dezember 1989 in der Nähe des Brandenburger Tores (Bild links). Doch die Spottverse, die zu Füßen der Grenzsoldaten an die Mauer geheftet sind, bringen es auf den Punkt: Ob mit oder ohne Mauer, für die DDR gibt es keine Rettung mehr.

Krisenhafte Gründungszeit
Die DDR bis zum Bau der Mauer 1961

Nach 40 Jahren wechselvoller Geschichte, in denen sie immer wieder existenzielle Krisen durchlebte, ist die DDR 1989 am Ende. Ist diese Fieberkurve des zweiten deutschen Staates und sein Scheitern bereits in den Weichenstellungen seiner Gründungsphase angelegt? Hatte die DDR eine Chance, sich als stabiler Staat ohne Repression, Aufrüstung und Mauer zu etablieren? Gab es nach dem Ende des Zweiten Weltkriegs einen offenen Anfang, der alternative Entwicklungswege zugelassen hätte?

Niederlage und Neubeginn

Als der Weltkrieg zu Ende geht, haben die alliierten Sieger keinen ausgearbeiteten Plan für die staatliche Zukunft Deutschlands. Die deutsche Frage wird, ebenso wie die endgültige Regelung der Grenzen, auf eine zukünftige Friedenskonferenz vertagt, die niemals stattfinden wird. Worin sie sich einig sind, das halten die Siegermächte im Potsdamer Abkommen vom August 1945 fest: Deutschland soll nach zwölf Jahren Hitler-Regime entnazifiziert, entmilitarisiert und vor allem demokratisiert werden. Es wird – wie die Hauptstadt Berlin – bis auf Weiteres in vier Besatzungszonen aufgeteilt; die ehemaligen Ostgebiete des Deutschen Reiches werden unter polnische Verwaltung gestellt.

In den Besatzungszonen werden dann rasch Fakten geschaffen, die die Richtung für die weitere Entwicklung vorgeben. Denn es gilt der Grundsatz, dass jede Besatzungsmacht, die sowjetische, amerikanische, britische und französische, in »ihrer« Zone unbegrenzte Befehlsgewalt hat. Jede versucht daher, ihre wirtschaftlichen und politischen Interessen durchzusetzen. Zwei widerstreitende gesellschaftliche Systeme treten gegeneinander an. Für die Sowjetische Besatzungszone (SBZ) bedeutet das spätestens 1948 die unverhüllte Sowjetisierung von Staat, Wirtschaft und Gesellschaft.

Ungleiche Startbedingungen

Die Menschen in Deutschland haben nach der bedingungslosen Kapitulation im Mai 1945 zunächst andere Sorgen als die staatliche Zukunft. Ein demoralisiertes Volk findet sich in einer nahezu hoffnungslosen Lage wieder: Durch den Krieg sind Städte, Industrieanlagen und Infrastrukturen großräumig zerstört, die Versorgungslage mit Lebensmitteln und Kleidung ist katastrophal, die Wohnungsnot groß. Millionen Deutsche sind an der Front gefallen oder bei Luftangriffen und auf der Flucht umgekommen, Millionen Soldaten sind als Kriegsgefangene in Lagern fern von ihren Familien interniert. Die ungeheuren Verbrechen des Nationalsozialismus lasten auf diesem Deutschland, das – in den Worten Bertolt Brechts – »besudelt ist unter den Völkern«. Die Furcht, für Krieg und Völkermord kollektiv zur Verantwortung gezogen zu werden, ist groß.

Die DDR bis zum Bau der Mauer 1961

Wenn sich auch die Bilder von Kriegszerstörung und Not in ganz Deutschland gleichen, so müssen die Menschen im Osten Deutschlands doch noch größere Lasten tragen. Hier liegt die Bevölkerungszahl jetzt um eine Million höher als vor dem Krieg, da die Trecks mit Flüchtlingen und Vertriebenen aus den ehemaligen deutschen Ostgebieten und aus dem Sudetenland hier ankommen. Der Zustrom verschärft die Versorgungsprobleme – sie alle brauchen Nahrung, Wohnung und Arbeit.

Gleichzeitig betreiben die Besatzungsmächte in ihren jeweiligen Zonen die Demontage von Produktionsanlagen. Vor allem in der SBZ wird das, was der Krieg verschont hat, systematisch abgebaut und als Kompensation für die ungeheuren Zerstörungen im eigenen Land in die Sowjetunion verfrachtet. Das hat zur Folge, dass der Aufbau im Osten bis zur Staatsgründung der DDR zurückfällt gegenüber den Westzonen, in denen die Demontagen der Siegermächte bald eingestellt werden.

Bedingte Freiheit

Nachkriegsdeutschland zu demokratisieren, das heißt für die Siegermächte auch, Parteien, Gewerkschaften und andere Organisationen wieder zuzulassen. Im Misstrauen gegen ein Volk, das in seiner überwiegenden Mehrheit Hitler zugejubelt hat, gelten dafür aber in allen Besatzungszonen strenge Auflagen. Letztlich gründen sich die Parteien – mit Ausnahme der rechtsradikalen – in den politischen Formationen der Weimarer Republik neu.

Das ist in der SBZ nicht anders. Mit dem Befehl Nummer zwei der Sowjetischen Militäradministration vom 10. Juni 1945 werden Parteien und Gewerkschaften in der SBZ zugelassen, sofern sie sich eindeutig zu Antifaschismus, Demokratie und bürgerlichen Freiheiten bekennen. Nach KPD und SPD folgen die »bürgerlichen« Parteien, die Christdemokraten (CDU) und die Liberaldemokraten (LDP), drei Jahre später kommen die Nationaldemokraten (NDPD) und die Demokratische Bauernpartei (DBD) hinzu.

Alles scheint auf die demokratische Normalität eines Mehrparteiensystems hinauszulaufen, und doch setzt sich auf Druck der Besatzungsmacht ein ganz anderes Modell durch: Formal selbstständig, sind die Parteien der SBZ mit sogenannten Massenorganisationen wie den Gewerkschaften, der Freien Deutschen Jugend (FDJ) oder dem Demokratischen Frauenbund in einer Einheitsfront zusammengeschlossen. Während der gesamten Lebensdauer der DDR werden sie bei Wahlen nur mit gemeinsamen Listen antreten und dabei mit knapp 100 Prozent Zustimmung die typischen Resultate unfreier Wahlen erzielen. Statt im freien Spiel der politischen Kräfte um die Köpfe und Wahlstimmen der Bürger zu konkurrieren, sind sie als politische Akteure faktisch gleichgeschaltet. Sie unterscheiden sich nur im Abstand zum innersten Kreis der Macht.

Diesen innersten Kreis hat die Sowjetunion ihrem treuen Vasallen, der

KPD, die später in der SED aufgeht, vorbehalten. Im Parteienblock wird die führende Rolle der SED bald von niemandem mehr infrage gestellt, bis sie schließlich auch in der Verfassung der DDR verankert wird. Viele Vertreter der anderen Parteien werden zu Mitläufern und Mittätern, zu »Blockflöten«, zu willfährigen Befehlsempfängern, entlohnt mit Posten in Regierung und Verwaltung. Sie werden ein eigenes politisches Credo erst wieder in der Schlussphase der DDR entdecken.

Der Händedruck

Die Kommunistische Partei Deutschlands (KPD) hat in der SBZ die besten Startbedingungen. Diejenigen ihrer führenden Vertreter, die den Nationalsozialismus und den Stalinschen Terror überlebt haben, kehren in den letzten Kriegstagen aus dem Moskauer Exil nach Deutschland zurück, unter ihnen die »Gruppe Ulbricht«. Sie arbeiten eng mit der sowjetischen Besatzungsmacht zusammen und erhalten von dort massive Unterstützung, auch wenn sie in ihren deutschlandpolitischen Positionen nicht immer ganz auf einer Linie mit dem Roten Zaren in Moskau sind.

> »Nur ein treuer Parteisoldat wird diese Einordnung, diese Unterordnung unter die Führung vornehmen. Dazu brauchte man ein Mittel; dieses Mittel war Indoktrination – oder, wie es offiziell hieß, ›Schulung‹.«
> Hermann Weber

Zu Beginn tritt die Partei sehr moderat auf. Statt zur Diktatur des Proletariats bekennt sie sich zur parlamentarisch-demokratischen Republik, sogar zum Privateigentum. Niemand soll den Eindruck gewinnen, dass sie das sowjetische Herrschaftssystem den deutschen Verhältnissen überstülpen will.

Bald werben die KPD-Führer um die SPD. Die Stimmung bei den Sozialdemokraten ist gespalten: Viele haben gemeinsam mit den Kommunisten Widerstand gegen das Hitler-Regime geleistet und die bittere Erfahrung der KZ-Haft geteilt. Sie wünschen sich als Lehre aus der jüngeren Geschichte die organisatorische Einheit der Arbeiterbewegung. Andere bleiben skeptisch: Ist wirklich Verlass auf die demokratische Neuausrichtung der Kommunisten, und droht nicht die Unterordnung der Partei unter das Diktat Stalins?

Während die SPD in den Westzonen unter Kurt Schumacher eine Verschmelzung strikt ablehnt, gibt die sozialdemokratische Parteiführung in der SBZ dem Druck der KPD und der sowjetischen Administration bald nach. Am 21. und 22. April 1946 kommen über 1000 Delegierte im Admiralspalast an der Berliner Friedrichstraße zum Vereinigungsparteitag zusammen. Der Händedruck zwischen Otto Grotewohl für die SPD und Wilhelm Pieck für die KPD besiegelt die Vereinigung der beiden Parteien und wird zum Emblem der Sozialistischen Einheitspartei Deutschlands (SED).

Die DDR bis zum Bau der Mauer 1961

Noch sehen sich die Sozialdemokraten beispielsweise durch das Paritätsprinzip – es besagt, dass die Parteiämter je zur Hälfte mit SPD- und KPD-Mitgliedern besetzt werden – abgesichert. Doch bereits 1948 haben sich im Zeichen des heraufziehenden Kalten Krieges die kommunistischen Kader und die sowjetische Besatzungsmacht durchgesetzt. Die SED wird umgebaut zu einer stalinistischen »Partei neuen Typs«, die fest im Marxismus-Leninismus verankert ist und sich ausdrücklich am sowjetischen Vorbild orientiert.

> » Die antifaschistischen demokratischen Parteien sind fest entschlossen, die Hochburg der Junker und Militaristen zu zerschlagen und den Junkerboden den Bauern zu übergeben. «
>
> Propagandaplakat, 1945

Die erste »Säuberungswelle« rollt, und viele alte Sozialdemokraten verlassen die Partei und gehen in die Westzonen.

Neben den überzeugten Anhängern treten der SED viele aus opportunistischen Gründen bei. Im Sommer 1948 ist sie zu einer Massenpartei mit 1,8 Millionen Mitgliedern angewachsen.

»Enteignung der Kriegsverbrecher«

Die ersten Schritte auf dem Weg zur Kollektivierung von Landwirtschaft und Industrie sind in der DDR durchaus populär. Schon Ende 1945 enteignet die sowjetische Besatzungsmacht die ostelbischen Junker als Maßnahme zur »Entnazifizierung«: Alle, die mehr als 100 Hektar Land besitzen, müssen ihre Güter entschädigungslos abgeben. Es scheint ein Akt der historischen Gerechtigkeit zu sein, denn die Großgrundbesitzer – von denen viele traditionell eine antidemokratische Haltung einnehmen – gelten, wie die Großindustrie, als Steigbügelhalter Hitlers. Zugleich soll es ein großer Schritt in Richtung sozialer Ausgleich sein, denn von der »demokratischen Bodenreform« profitieren die Tagelöhner und Landarbeiter, die Kleinbauern und die Vertriebenen. Ihnen wird der größte Teil der enteigneten Ländereien überlassen: »Junkerland in Bauernhand«.

Es entstehen 400 000 neue Bauernstellen, die allerdings vielfach zu klein sind, um ein Auskommen zu sichern. So verstärkt sich bald der Druck, die bäuerlichen Eigenbetriebe einzubringen in große kollektivierte Betriebsformen, in die landwirtschaftlichen Produktionsgenossenschaften (LPG). Bis 1960 dauert dieser Prozess der erzwungenen Kollektivierung, der zu erheblichen sozialen Unruhen führt.

Nach der Bodenreform treibt die SED die Enteignung der Schlüsselindustrien und der Großbetriebe voran. Kriegs- und Naziverbrechern des Großkapitals, so propagiert sie 1946, müsse die wirtschaftliche Grundlage entzogen werden: »Wir sind durch Schaden klug geworden.« Bei einem Volksentscheid in Sachsen stimmen zwei Drittel der Wähler für die Enteignung der Großindustrie. Nach diesem positiven Stimmungsbild werden

Verstaatlichungen in der gesamten SBZ vorgenommen. Die ersten »Volkseigenen Betriebe« (VEB) entstehen. Nur der gewerbliche Mittelstand erhält eine Schonfrist.

Spielball im Kalten Krieg

Bis zum Sieg über Hitler-Deutschland haben die alliierten Siegermächte ihre unterschiedlichen Interessen zurückgestellt. Nach dem Krieg bricht der Systemkonflikt offen aus. Die USA betreiben eine Politik der Eindämmung des Kommunismus, die Sowjetunion will ihre Hegemonie über Osteuropa sichern und ausweiten. Deutschland wird zum zentralen Kampfplatz dieser Konfrontation: Die Besatzungszonen sind Faustpfand und Vorposten zugleich.

Gab es also angesichts der waffenstarrenden Feindschaft der Großmächte keine realistische Alternative für die deutsche Frage? Womöglich doch: Stalin scheint eine Spaltung Deutschlands lange Zeit durchaus skeptisch gesehen zu haben. Offenbar hätte er aus Sicherheitserwägungen einem neutralen Gesamtdeutschland, das keinem der Blocksysteme angehörte, den Vorzug gegeben. Noch 1952 wird dem Westen in den »Stalin-Noten« ein solcher Vorschlag unterbreitet. Der Graben zwischen Ost und West ist jedoch mittlerweile so tief, das Misstrauen so groß, dass es zu keinen Verhandlungen über diese Möglichkeit kommt.

Zwei Staaten

Es entspringt der Logik des Kalten Krieges, dass sich 1949 aus den Besatzungszonen zwei deutsche Staaten gründen. Es entspringt der Logik einer Besatzungspolitik, die den wirtschaftlichen und politischen Wiederaufbau auf unterschiedliche Systeme ausgerichtet hat. Zwei Systeme, die jeweils den Anspruch erheben, Modell auch für den anderen Teil Deutschlands zu sein.

Auf dem Weg zur staatlichen Teilung geht der Westen voran und schafft vollendete Tatsachen. In den Westzonen wird im Juni 1948 einseitig eine neue Währung, die DM, eingeführt und damit die Grundlage für einen rasanten wirtschaftlichen Aufschwung gelegt. Unmittelbare Folge ist die erste große Nachkriegskrise, die Blockade Berlins durch die Sowjetunion. Diese will verhindern, dass die Westzonen Berlins dem neuen Währungssystem angeschlossen werden, bleibt aber letztendlich erfolglos. Die SBZ zieht bei der Währungsreform nach und führt eine eigene Deutsche Mark ein.

Auch die Gründung der Deutschen Demokratischen Republik auf dem Territorium der sowjetischen Besatzungszone und Ostberlins wird erst Wirklichkeit, nachdem am 23. Mai 1949 mit der Verkündung des Grundgesetzes die Bundesrepublik Deutschland in Bonn aus der Taufe gehoben wurde. Am 7. Oktober setzt die Provisorische Volkskammer in Berlin die Verfassung

Die DDR bis zum Bau der Mauer 1961

der DDR in Kraft. Wilhelm Pieck wird zum Staatspräsidenten gewählt, Otto Grotewohl wird der erste Ministerpräsident. Dies ist der Gründungstag der DDR, der bis zum 40. Jahrestag 1989 mit pompösen Staatsfeiern begangen wird.

Trotz der Schaffung von Separatstaaten sehen sich jedoch beide Seiten auf die Einheit Deutschlands verpflichtet. »Deutschland, einig Vaterland«, so heißt es in der Nationalhymne der DDR, bis deren Text unter veränderten politischen Vorzeichen seit den 70er-Jahren nicht mehr gesungen werden darf.

Die DDR als »Zone« und »Phänomen«

Gegenüber der Bundesrepublik Deutschland hat die DDR von Anfang an einen Geburtsfehler: Ihr fehlt die demokratische Legitimation. Gleich bei der ersten Volkskammerwahl im Oktober 1950 können die Staatsbürger nur über eine Einheitsliste der Nationalen Front abstimmen, der Widerstreit von Parteien und Positionen ist aufgehoben.

Aus westdeutscher Sicht erscheint dieses staatliche Regime unter Führung der SED als eine von der kommunistischen Sowjetunion aufgezwungene Diktatur. Die Staatlichkeit der DDR wird daher lange geleugnet. Westdeutsche Politiker sprechen von der »Zone«, der »Sowjetzone«, und später, als die DDR sich bereits als relativ stabil erwiesen hat, von dem »Phänomen« DDR. Den Staatsnamen schreibt man in bundesrepublikanischen Zeitungen noch Jahrzehnte später mit distanzierenden Anführungsstrichen: die sogenannte »DDR«.

Antifaschismus als Gründungsauftrag

Ihre Wurzeln sieht die DDR im antifaschistischen Widerstand und im Kampf gegen das Hitlerregime. Es ist eine Verpflichtung auch für Gegenwart und Zukunft: Niemals sollen im neuen Deutschland Nazismus, Rassenhass und Kriegshetze wiedererstehen können. Mit den »antifaschistisch-demokratischen Umwälzungen« in der SBZ nach 1945 sieht man dafür die gesellschaftlichen Voraussetzungen geschaffen: Die DDR gründet sich als ein antifaschistischer Staat, der sich nicht verantwortlich sieht für die deutsche Nazi-Vergangenheit und der auch keine Wiedergutmachung zu leisten hat. Dieses »bessere Deutschland« verschließt die Augen gegenüber der Tatsache, dass auch der übergroße Teil seiner eigenen Bürger nicht etwa dem Widerstand angehört hat, sondern Mitläufer und Mittäter des Nazi-Regimes war. Die schmerzhafte Konfrontation mit eigener Schuld und Verstrickung findet nicht statt. Die Nazis verortet man allein auf der anderen Seite, in der BRD. Ihr wird die historische Erblast der jüngeren deutschen Geschichte aufgebürdet.

Der heimliche und der große Bruder

Letztlich sind es drei Bezugsgesellschaften, die für die neu gegründete DDR von zentraler Bedeutung sind, abgrenzend oder affirmativ: der Nationalsozialismus, die Bundesrepublik Deutschland und die Sowjetunion.

Die Bundesrepublik wird zum feindlichen kapitalistischen Bruderstaat, auf den die DDR und ihre Bürger auf Dauer fixiert bleiben: als Konkurrenzgesellschaft, gegen die man sich behaupten muss und die zugleich – offen oder im Verborgenen – der Gradmesser bleibt für die eigenen Ziele, für Wohlstand und Lebenschancen.

> » Von der Antifa-Bewegung sollte die demokratische Entwicklung ausgehen. Dass der Begriff »demokratische Entwicklung« einer Definition bedurft hätte, kam den wenigsten in den Sinn. «
> Fritz E. Gericke

Auf andere Weise gilt die Sowjetunion, der große Bruder des kleinen Satellitenstaates, als Maßstab. Sie wird zum großen Leitbild der gesellschaftlichen Umwälzungen, die aus der DDR einen sozialistischen Staat der Arbeiter und Bauern machen sollen: »Von der Sowjetunion lernen, heißt siegen lernen!« Nicht nur die politischen Direktiven werden aus Moskau übernommen, sondern auch die Blaupausen für die Kollektivierung, für die sozialistische Planwirtschaft, die Diktatur der »Partei der Arbeiterklasse« und für die ideologische Ausrichtung einer ganzen Gesellschaft auf den Marxismus-Leninismus.

Bauen an der Zukunft

»Auferstanden aus Ruinen und der Zukunft zugewandt …«, so lauten die erste Zeilen der DDR-Nationalhymne. Die ersten Jahre sind Aufbaujahre, in denen die Kriegszerstörungen beseitigt werden, neuer Wohnraum entsteht und vor allem die Schwerindustrie aufgebaut wird. In pathetischen Appellen der Staatsorgane und der Massenorganisationen werden die Werktätigen zur Beteiligung angehalten. Höchstleistungen sind zu erbringen, die Planerfüllung muss gesichert werden, alles für eine bessere Zukunft: »Wie wir heute arbeiten, so werden wir morgen leben!«

Um die höhere Arbeitsleistung zu propagieren, inszeniert man 1948 Adolf Hennecke als einen »Helden der Arbeit«, der vormacht, was jeder aus sich herausholen kann. Der Bergmann Hennecke erfüllt in einer Schicht die Arbeitsnorm mit 387 Prozent und dient danach als Pate der »Hennecke-Bewegung«, die das Arbeitsfieber im ganzen Land anheizen soll. Der »sozialistische Mensch«, für den Arbeit das wichtigste Mittel zur Entfaltung ist, er soll jetzt mehr leisten als zuvor – bei gleicher Entlohnung.

Doch sind die Menschen in der DDR nicht unbegrenzt belastbar. Im Sommer 1953 wollen die Bauarbeiter, die im Akkord die monumentalen

Bauten der Ostberliner Stalinallee errichten, nicht mehr stillhalten: Ihre Arbeitsnorm wurde um 10,3 Prozent erhöht, was zu entsprechenden Lohneinbußen führen muss. Sie treten spontan in Streik und ziehen demonstrierend durch die Straßen.

Der Volksaufstand

Was am 15. Juni 1953 als Streik der Ostberliner Bauarbeiter gegen die Erhöhung der Arbeitsnormen beginnt, weitet sich bis zum 17. Juni im ganzen Land zu einer Volkserhebung aus. Geht es anfangs nur um Lohn und Arbeitsbedingungen, werden sehr bald auch Forderungen nach freien Wahlen und nach Ablösung des SED-Regimes laut. In über 500 Städten und Orten der DDR kommt es zu Protesten. Hunderttausende demonstrieren; SED-Büros, Stasi-Gebäude und Stadtverwaltungen werden überall im Land gestürmt. Das Regime sieht sich grundsätzlich infrage gestellt und reagiert mit blutiger Gewalt: Ab 13 Uhr des 17. Juni gilt der Ausnahmezustand. Sowjetische Panzer sind in den Stadtzentren aufgefahren, Rotarmisten schießen auf Demonstranten. Als die Aufstände niedergeschlagen sind, werden mehr als 50 Opfer zu beklagen sein, etwa 1500 Menschen werden als »Rädelsführer« angeklagt und teilweise zu hohen Zuchthausstrafen, in zwei Fällen sogar zum Tode verurteilt.

> » Die Ereignisse um den 17. Juni 1953 erfuhren wir von den Lehrern. Nach deren Darstellung handelte es sich um eine, gegen die Staatsordnung der DDR gerichtete, konterrevolutionäre Aktion interessierter Kräfte. Wir Kursanten diskutierten die Frage, welche Kräfte da am Werke sind und was sie wollen. «
> Lothar Stephan

Für die DDR-Führung ist der 17. Juni ein Schock. Ausgerechnet die Arbeiter, die doch in diesem Land »herrschen« sollen, erheben sich gegen die Staatsmacht. Die offizielle Propaganda erklärt den Aufstand zum Werk von Agenten und Provokateuren, die im Auftrag westlicher Geheimdienste die Protestbewegung initiiert hätten. Es wird aber für alle Welt deutlich: Das SED-Regime hat keine breite Zustimmung im Volk. Es kann nur durch die Hilfe der sowjetischen Streitkräfte überleben. Noch bis zum Krisenjahr 1989 wirkt diese traumatische Erfahrung des 17. Juni in der DDR-Führung nach. Das Volk der DDR aber nimmt auf viele Jahre die bittere Erkenntnis mit, dass es keinen Zweck hat, sich aufzulehnen: Jedes Aufbegehren wird an den Panzern der Roten Armee zerschellen. Welche Alternativen bleiben den Menschen? Man richtet sich in den herrschenden Verhältnissen ein, oder man geht weg. Hunderttausende werden sich jedes Jahr in den Westen aufmachen.

Wie reagiert der Westen auf den 17. Juni 1953? Tatenlos, denn niemand will wegen dieser Volkserhebung einen folgenreichen Konflikt zwischen den Großmächten riskieren. So bleibt es auf westdeutscher Seite bei einer symbolischen Geste: Der 17. Juni wird zum staatlichen Feiertag erklärt, zum »Tag der deutschen Einheit«. Doch hat die Niederschlagung der Freiheitsbewegung durch die Rote Armee an diesem Tag deutlich gemacht, dass die deutsche Einheit tatsächlich in weite Ferne gerückt ist.

Zuckerbrot und Peitsche

Innenpolitisch reagiert das Regime nach dem Volksaufstand mit Kurskorrekturen, wie es sie im Auf und Ab der DDR-Geschichte zwischen Krise und relativer Stabilität, zwischen Tauwetter und neuer Repression immer wieder geben wird. Dem Volk wird Zucker gegeben: Die Normerhöhungen werden zurückgenommen, die Preise für Nahrungsmittel und Verbrauchsgüter auf ein niedriges Niveau gesenkt, die Mindestrenten erhöht. Das bleibt auf Dauer so, ungeachtet drohender wirtschaftlicher Probleme im Staatssozialismus. Der Schock des 17. Juni sitzt tief.

Zugleich wird der Repressionsapparat ausgebaut und so der Druck nach innen erhöht. Schon in den Jahren zuvor war die Justiz in der SBZ und der DDR eine äußerst harte Linie gefahren und hatte in politischen Prozessen dissidente Politiker, Funktionsträger und kritische Bürger zu hohen Haftstrafen oder gar zum Tode verurteilt. Das Zuchthaus Bautzen ist zum Symbol dieser Unrechtsjustiz geworden. Ab 1953 häufen sich die Verfahren gegen »Feinde des Staates« und »Agenten«. Auch die Todesstrafe, in Westdeutschland längst geächtet, wird bis 1981 beibehalten. Das Ministerium für Staatssicherheit, die Stasi, wird ausgebaut und das Land mit einem dichten Netz von Spitzeln überzogen. Bürgerliche Freiheiten, Meinungsfreiheit und Rechtssicherheit haben zu diesem Zeitpunkt in der DDR längst keine Heimat mehr.

Gelegentliche Tauwetterperioden in der DDR-Geschichte können das nicht ändern. Schon 1956 gibt es einen kleinen politischen Frühling, als »Väterchen Stalin«, der große Übervater der kommunistischen Bewegung, vom Sockel gestoßen wird. Tausende von Häftlingen, die früheren »Säuberungen« zum Opfer gefallen waren, kommen nun frei. Wenige Monate später ist es schon wieder vorbei: Als der Volksaufstand in Ungarn im November 1956 von der Roten Armee blutig niedergeschlagen wird, kehrt das SED-Regime zum alten Kurs zurück und verhaftet vor allem jene in den eigenen Reihen, die neue, unorthodoxe Wege zum Sozialismus gesucht haben.

Zwischen Mangel und Utopie

Jahrelang hatte der Aufbau der Schwer- und Grundstoffindustrie im Vordergrund gestanden und in der DDR zu Versorgungsengpässen bei Lebensmitteln und Konsumgütern geführt. Als die SED 1952 den »planmäßigen

Die DDR bis zum Bau der Mauer 1961

Aufbau des Sozialismus« auf die Tagesordnung setzt und die Kollektivierung der Landwirtschaft, der Industrie und des Handwerks mit harter Hand vorantreibt, verschärft sich die Misere. Der allgemeine Unmut entlädt sich im Volksaufstand des 17. Juni 1953.

Danach wirft die Staatsführung das Steuer herum. Jetzt wird die Konsumgüterindustrie angekurbelt, die Versorgungslage soll sich spürbar verbessern. Und tatsächlich steigt der Lebensstandard in den folgenden Jahren deutlich: Die Regale in den staatlichen HO-Läden füllen sich, und 1958 können mit der Bewirtschaftung endlich auch die Lebensmittelkarten, die es seit dem Krieg gab, abgeschafft werden. Wer nach Westen blickt, wird immer noch unzufrieden sein. Aber der sozialistische Wohlfahrtstaat bietet eine gute medizinische Versorgung, Freizeitangebote und Erholungsheime für jeden, Kinderhorte, niedrige Mietpreise, einen gesicherten Arbeitsplatz …

> » Hier sind ferngesteuerte Unzufriedene und Unruhestifter am Werk, war das Fazit aus dem Gehörten. «
> Lothar Stephan

Die SED sieht sich auf ihrem V. Parteitag 1958 schon kurz vor dem Ziel, den sozialistischen Aufbau zu vollenden und, was den Lebensstandard angeht, zum kapitalistischen Westen aufzuschließen. Das völlig utopische Versprechen lautet, bis Ende 1961 die Bundesrepublik bei der durchschnittlichen Versorgung mit Konsumgütern und Lebensmitteln einzuholen und sogar zu überbieten. Das wird noch einmal abgeändert zu dem Slogan »Überholen ohne einzuholen«: Der Sozialismus soll nicht den »Schund« des Westens kopieren, sondern eigene werthaltige Güter verfügbar machen.

Bei allen Fortschritten sieht die Wirklichkeit deutlich anders aus. Wenn sich auch das Angebot gerade bei Nahrungsmitteln, Kleidung und langlebigen Konsumgütern verbessert, ist doch vieles nicht oder nur über persönliche Beziehungen erhältlich.

Systembedingte Versorgungsengpässe wird es in der DDR dauerhaft geben, weil die Planwirtschaft nicht flexibel genug auf die Bedarfsentwicklung reagieren kann oder die Verteilung nicht reibungslos funktioniert. Schlange stehen, um an Mangelwaren zu kommen, wird daher eine gängige Übung im Alltag der DDR-Bürger.

Sozialistisches Feierjahr

Eigene Traditionen und eigene Werte: Der sozialistische Staat der DDR sieht sich als Träger eines anderen politisch-kulturellen Erbes als die Bundesrepublik. Die Staatsfeiertage im Jahreskreis zeigen, was für dieses Land und seine Bürger identitätsstiftend sein soll: der 1. Mai als mit Massenaufmärschen begangener Feiertag der Werktätigen, der 8. Mai als Tag der Befreiung vom Faschismus, der Tag der russischen Oktoberrevolution, dazu der Internationale Frauentag am 8. März und viele Gedenk- und Ehrentage, etwa für die ermordeten Arbeiterführer Rosa Luxemburg und Karl Liebknecht oder für nationale Organisationen wie die Volksarmee.

Die DDR ist ein säkularer Staat mit strikter Trennung von Staat und Kirche, der streng diesseitig auf die Lehren des Marxismus-Leninismus ausgerichtet ist. Das hat Auswirkungen auf die kirchliche Bindung der Menschen: 1990 sind nur noch 30 Prozent der DDR-Bürger Mitglied einer christlichen Kirche.

Mit der Jugendweihe installiert die DDR seit 1955 für Heranwachsende ein weltliches Ritual, das an die Stelle der protestantischen Konfirmation und der katholischen Firmung tritt. Es geht auf Traditionen der Freidenker zurück und wurde schon in der Arbeiterbewegung der Weimarer Republik praktiziert. Jetzt sind die Jugendlichen im Übergang zum Erwachsenenalter angehalten, sich dem sozialistischen Staat zu verpflichten. »Für die große und edle Sache des Sozialismus zu arbeiten und zu kämpfen«, lautet ihr Gelöbnis.

Gegeneinander aufgestellt

Binnen weniger Jahre sind Ost- und Westdeutschland nicht nur zu konkurrierenden, sondern zu feindlichen Brüdern geworden. Die erste Regierung der Bundesrepublik unter Konrad Adenauer betreibt ganz entschieden eine Politik der Westbindung, auch auf Kosten einer schnellen Wiedervereinigung der beiden Teilstaaten. Die DDR hält sich umso enger an die Sowjetunion.

Als die beiden Staaten sich gründen, ist es nur noch eine Frage der Zeit, dass sie auch den politischen und wirtschaftlichen Bündnissystemen des jeweiligen Lagers beitreten und sich im Blocksystem des Kalten Krieges gegeneinander aufstellen.

Innen- und außenpolitisch umstritten ist vor dem Hintergrund der NS-Zeit die Wiederbewaffnung der beiden deutschen Staaten. Auch hier geht der westdeutsche Staat gegen erheblichen Widerstand in der Öffentlichkeit voran und verstärkt mit seiner neu gegründeten Bundeswehr 1955 das westliche Verteidigungsbündnis der NATO. Die DDR zieht nach und tritt dem Warschauer Pakt bei, dem Militärbündnis der sozialistischen Staaten. Ab 1956 wird die Nationale Volksarmee (NVA) mit einer Sollgröße von 120 000 Mann aufgebaut. Anders als in der Bundesrepublik gibt es bis 1962 keine allgemeine Wehrpflicht. Auch die Traditionsbildung der NVA ist eine ganz andere als in der Bundeswehr. Militärische Vorbilder werden in der Geschichte der Befreiungsbewegungen gesucht, im deutschen Bauernkrieg, in den Revolutionen von 1848 und 1918 und im Spanischen Bürgerkrieg.

Die Spaltung Deutschlands wird durch die Blockbindung der beiden Teilstaaten und vor allem durch ihre Aufrüstung tiefer. Es wird vorstellbar, dass im Falle eines »heißen« Krieges zwischen den verfeindeten Blöcken nicht nur die Frontlinie durch Deutschland verlaufen wird, sondern dass Deutsche aus West und Ost die Waffen gegeneinander richten.

Im Ostblock und bei vielen »blockfreien« Staaten ist die DDR Mitte der 50er-Jahre als selbstständiger Staat anerkannt. Vom Westen aber wird sie weiter infrage gestellt. Mit der »Hallstein-Doktrin« versucht die Bundesrepublik weltweit, ihren Alleinvertretungsanspruch für alle Deutschen durchzusetzen: Sie bricht die diplomatischen Beziehungen zu allen Ländern ab, die die DDR anerkennen, mit Ausnahme der Sowjetunion.

Republikflucht

Der Strom der Flüchtlinge von Ost nach West reißt zu keinem Zeitpunkt ab. Zwischen 1945 und 1961 verlassen über drei Millionen Menschen die SBZ beziehungsweise die DDR. Es fliehen vor allem gut Ausgebildete, Facharbeiter, Ärzte, Ingenieure und Wissenschaftler. Das Land droht auszubluten, der Wirtschaftsmotor gerät aufgrund fehlender Arbeitskräfte ins Stottern.

Die Völkerwanderung ist nicht aufzuhalten, obwohl Republikflucht als Verbrechen gilt. Bereits 1952 hat die DDR ihre westliche Grenze zur Bundesrepublik befestigt und mit einer fünf Kilometer breiten Sperrzone gesichert. Doch es bleibt das Schlupfloch Berlin, wo die Grenzen zwischen den Sektoren und zur DDR offen stehen.

Wirtschaftspolitisch ist die DDR 1960 in einen Teufelskreis geraten: Die verschärften Kollektivierungen und die abwandernden Fachkräfte führen zu Produktionsausfällen. Je schlechter das Warenangebot wird, desto mehr Menschen entscheiden sich für die Flucht. Seit Anfang 1961 erreichen die Abwanderungen in jedem Monat Rekordniveau. Der Wille zur Flucht wird angeheizt durch Kriegsangst: Die Großmächte steuern auf eine neue Berlinkrise zu, nachdem Nikita Chruschtschow die Westmächte mit einem Ultimatum aufgefordert hat, sich aus Berlin zurückzuziehen.

Die Mauer

Die Zugangswege nach Westberlin für die eigenen Bürger abschotten oder untergehen – das ist tatsächlich die Alternative, vor der die DDR 1961 steht. Hinter den Kulissen ringt SED-Chef Ulbricht mit der zögernden sowjetischen Schutzmacht um das Einverständnis zur Schließung der Grenze. Öffentlich beteuert er noch auf einer Pressekonferenz im Juni: »Niemand hat die Absicht, eine Mauer zu errichten!« Und man glaubt ihm, denn wer hätte sich etwas Derartiges zu diesem Zeitpunkt überhaupt vorstellen können: eine Betonmauer, die eine Millionenstadt als todbringende Grenze durchschneidet?

Das Unvorstellbare wird am 13. August 1961 Wirklichkeit. In den ersten Morgenstunden besetzen Pioniere und Betriebskampfgruppen im Schutz von NVA und Volkspolizei die Straßenübergänge nach Westberlin, reißen

Pflaster auf, errichten Barrikaden und sperren die Grenze provisorisch mit Stacheldraht ab. Überall auf der Ostberliner Seite fahren Panzer auf. Als Berlin erwacht, ist es in zwei Hälften geteilt, ohne Verbindung zueinander. Westberlin ist von einem Sperrgürtel umgeben.

Einige offene Stellen gibt es an diesem Tag noch zwischen Ost- und Westberlin. Vielen gelingt ein Grenzdurchbruch. Doch schon in den folgenden Tagen werden die provisorischen Absperrungen durch eine feste Mauer ersetzt.

Für das SED-Regime ist der Bau der Berliner Mauer ein finaler Rettungsakt, und er ist zugleich eine Bankrotterklärung, ein Monument des Scheiterns. Nur durch die Einkapselung der DDR, durch ihre Umwandlung in einen Käfig, aus dem es kein Entkommen gibt, nicht aber durch das Einverständnis seiner Bürger kann der Staatssozialismus überleben. Notdürftig strickt die DDR-Führung eine Legitimation für das monströse Bauwerk: Es sei ein »antifaschistischer Schutzwall« gegen westliche Aggressoren. Doch richten sich die Sperranlagen ganz offensichtlich nach innen, gegen das eigene Volk. Sie erfüllen insofern ihren Zweck, als der Flüchtlingsstrom abreißt und der ostdeutsche Staat sich stabilisiert. Wenn es auch zynisch klingt: Der Bau der Mauer im Jahr 1961 wird zum zweiten Gründungsakt der DDR.

> » Ich legte einen kleinen Strauß Blumen in seine Hände. Nachdem ich meinen Schwur, seinen Mörder ausfindig zu machen, in seinem Angesicht erneuert hatte, konnte ich, seltsam getröstet, den Sarg wieder sorgfältig verschließen. «
> Jürgen Litfin (Bruder des ersten Maueropfers Günter Litfin)

Die DDR bis zum Bau der Mauer 1961

Nach dem Ende des NS-Regimes liegt Deutschland in Trümmern. Der Wiederaufbau beginnt sofort, aber manche Ruinen lasten schwer. Das obige Foto zeigt die Überreste der ehemaligen Reichskanzlei an der Wilhelmstraße in Berlin, aufgenommen im Jahr 1959 im sowjetischen Sektor. Das zerstörte Hauptquartier Adolf Hitlers mit seinen unterirdischen Befehlsbunkern sollte ursprünglich für eine Parkanlage geräumt werden. Doch scheitert man an der Widerstandsfähigkeit der Betondecken.

Bereits die Aufbaujahre werden überlagert vom Ost-West-Konflikt. In den Trümmerlandschaften Berlins wird der Kalte Krieg auch zum Krieg der Parolen. An der Grenze zwischen sowjetischem und amerikanischem Sektor schreiben 1951 drei West-Berliner die Wandparole »Ami go home« um in »Iwan go home« (Bild rechts oben). Damit die Botschaft unmissverständlich ist, wird sie ins Russische übersetzt.

> [Er] fragte mit einem verschmitzten Lächeln: »Du Gitler?« Ich verneinte heftig – was er als Antwort akzeptierte. Alle russischen Soldaten wollten liebend gerne Hitler fangen, denn das hätte ihnen sicher eine schöne Flasche Schnaps als Belohnung eingebracht, und da konnte man ja schon mal fragen.«
> Wolfgang Balke

Die DDR bis zum Bau der Mauer 1961

Als sich am 21. und 22. April 1946 die KPD und die SPD in der sowjetischen Besatzungszone zur SED vereinigen, wird das pathetisch inszeniert, um alle Zweifel zu bannen. Die Symbolik des Gründungsakts suggeriert: Hier treffen sich zwei Partner auf Augenhöhe, aus freiem Entschluss und mit gleichen Rechten. Die auf einem Filmstreifen dokumentierte Massendemonstration, bei der sich die Kolonnen aus getrennt marschierenden Mitgliedern der KPD und der SPD auf halber Strecke vereinigen, soll ausdrücken: Die beiden großen Strömungen der deutschen Arbeiterbewegung kommen zusammen (Bilder Seite 56). Das Bild auf Seite 57 unten zeigt die Inszenierung des Vereinigungs-Parteitags im Berliner Admiralspalast, als die beiden Vorsitzenden Wilhelm Pieck (KPD) (links) und Otto Grotewohl (SPD) (rechts) mit einem Händedruck die Vereinigung besiegeln. Der Händedruck ist als Emblem der SED bereits in die Parteifahne eingearbeitet, die Wilhelm Pieck wenige Minuten später hochhält (Bild Seite 57 oben). Als die neue Partei zwei Jahre später unter massivem Druck stalinisiert wird, gibt es für überzeugte Sozialdemokraten keine Möglichkeit mehr, ihre Hand zurückzuziehen.

Nachdem im Mai 1949 die Bundesrepublik Deutschland in Bonn aus der Taufe gehoben wurde, stimmt auch Moskau der Gründung einer »Deutschen Demokratischen Republik« auf dem Territorium der sowjetischen Besatzungszone zum 7. Oktober 1949 zu. Bei der organisierten Massenkundgebung zeigt selbstverständlich auch die FDJ ihre Zustimmung, hier im Demonstrationszug vor der Humboldt-Universität in Berlin (Bild oben).

Die Separatgründung hindert die DDR ebenso wenig wie die Bundesrepublik, weiterhin das Ziel eines vereinten Gesamtdeutschlands zu beschwören. Beide schaffen allerdings bald Fakten, die die Kluft zwischen den feindlichen Brüdern immer mehr vergrößern. Im Jahre 1952 gestaltet die DDR ihre Verwaltung grundlegend um. An die Stelle der bisherigen fünf Länder treten 14 Bezirke, die strikt zentralistisch auf den Machtpol Berlin ausgerichtet sind (Bild rechts).

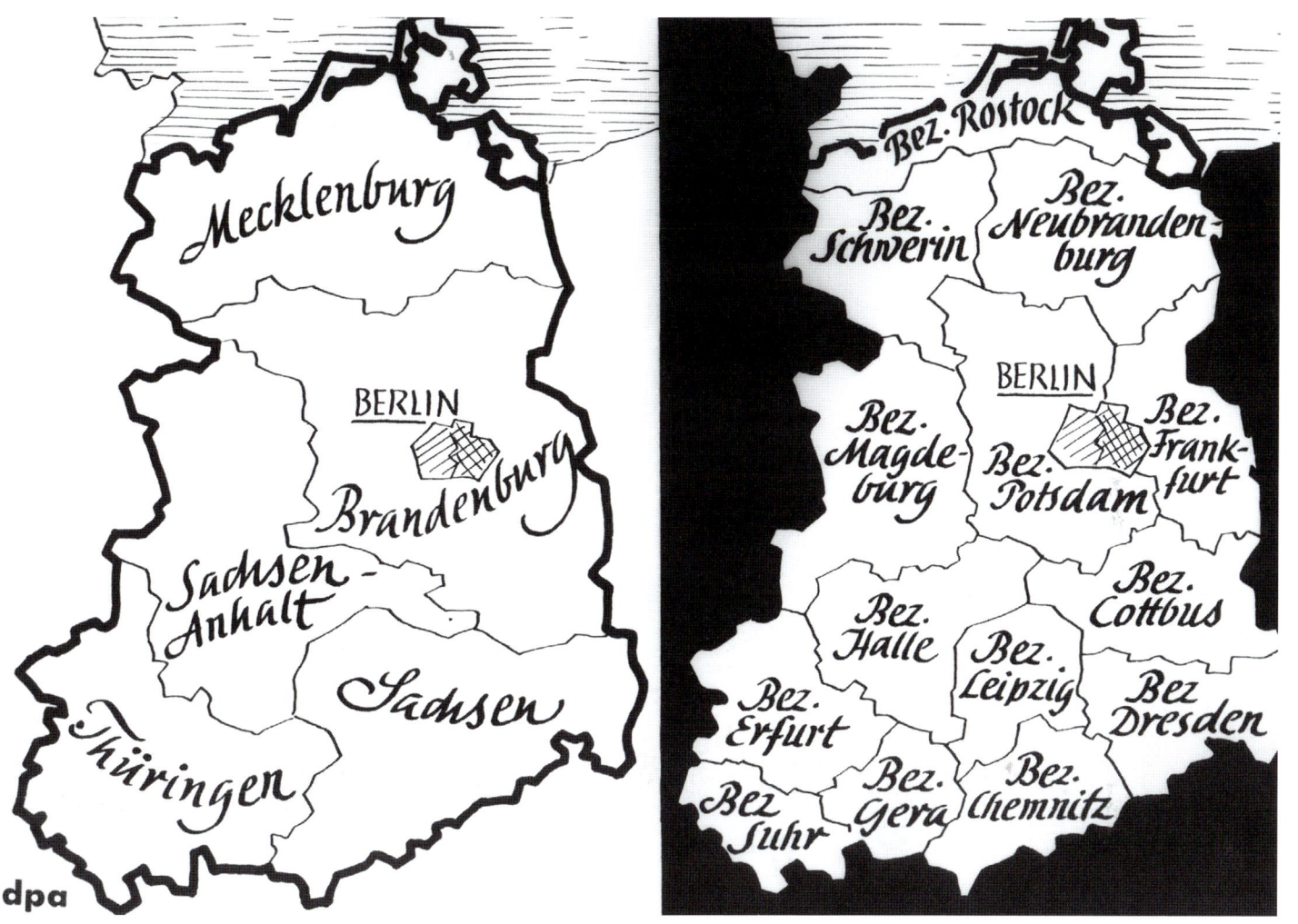

» Ich fuhr nach Berlin, um an der großen Demonstration anlässlich der Gründung der DDR teilzunehmen und kam heiser gebrüllt wieder nach Hause. Der moralische Kater ließ nicht lange auf sich warten. Warum hatte ich die Gründung eines Staates bejubelt, die ich doch hatte verhindern wollen? «
Fritz E. Gericke

Die DDR bis zum Bau der Mauer 1961

Beim Wiederaufbau geht es der DDR nicht nur um eine möglichst schnelle Behebung der Wohnungsnot (Bild oben), sondern man will auch demonstrieren, wie die gebaute Zukunft des Sozialismus aussehen kann. Ein Vorzeigeprojekt wird die Stalinallee (später Karl-Marx-Allee, Bild rechts unten). Angelehnt an Stalins sozialistischen Klassizismus, entstehen großzügige, gut ausgestattete Wohnungen in »Arbeiterpalästen«, die den breiten Boulevard auf über zwei Kilometer Länge einfassen. Diese hohe Qualität wird auf Dauer die Ausnahme bleiben. Den Massenbedarf deckt bald »die Platte«.

Auch historische Bauwerke von hohem Symbolwert werden seit den 50er-Jahren hergerichtet. Beim Brandenburger Tor, das im Zweiten Weltkrieg beschädigt wurde, arbeiten Ost und West sogar zusammen. Am 27. September 1958 wird die restaurierte Quadriga wieder auf dem Tor montiert (Bild rechts oben).

Die DDR bis zum Bau der Mauer 1961

Nicht bei allen Menschen muss Überzeugungsarbeit geleistet werden, als es 1946 um die Verstaatlichung der Schlüsselindustrien und Großbetriebe in der SBZ geht. Ein Propagandafoto vom Juni 1946 zeigt die 63-jährige Wella Wilhelm beim Lesen der Ankündigung des Volksentscheids im Land Sachsen, bei dem sich eine deutliche Mehrheit für die Enteignung aussprechen wird. Wella Wilhelm gehört als langjähriges KPD-Mitglied dazu.

Als 1945 eine Bodenreform den Großgrundbesitz enteignet und parzelliert, profitieren zunächst Hunderttausende Tagelöhner, Landarbeiter und Vertriebene von dieser populären Maßnahme: »Junkerland in Bauernhand!« (Bild rechts unten). Doch die Eintracht zwischen Staat und Kleinbauern währt nicht lange. Im Zeichen der sozialistischen Planwirtschaft steht auch die Kollektivierung der Landwirtschaft auf der Tagesordnung. Mit massivem Druck setzt die Staatsmacht bis 1960 den Zusammenschluss der meisten Bauernstellen zu landwirtschaftlichen Produktionsgenossenschaften (LPG) durch. Es entstehen Agrarfabriken, arbeitsteilig spezialisierte Großbetriebe, mit denen die Produktivität deutlich steigen soll (zweites Bild von links). Doch fallen die Ergebnisse hinter die Erwartungen zurück. So erreichen auch die Melker der LPG Sadelkow im Kreis Neubrandenburg, aufgenommen 1964 (Bild rechts oben), im nächsten Jahr ihr Planziel von 3000 Litern Milch je Kuh nicht.

Junkerland den Bauern!

Aufruf
des Blocks der antifaschistischen demokratischen Parteien an die Werktätigen Mecklenburg-Vorpommerns

Bauern, Arbeiter, Intellektuelle!

Die Stunde ist gekommen, wo der Faschismus und Nazismus, der Todfeind der Menschheit, im Westen wie im Osten endgültig zerschlagen ist. Der Friede in der Welt ist wiederhergestellt.

Die Stunde ist gekommen, um die jahrhundertealte Ungerechtigkeit gegenüber dem deutschen Bauern zu beseitigen, die Stunde, in der der Bauer seinen Boden erhalten muß. Er darf nicht mehr in die Vergangenheit zurückblicken, kühn muß er daran gehen, seine Sache selbst in die Hand zu nehmen in einem freien demokratischen Deutschland.

Die antifaschistischen demokratischen Parteien Mecklenburg-Vorpommerns rufen im Interesse der Werktätigen in Stadt und Land die Bevölkerung auf, die Bodenfrage kühn und energisch zu lösen.

Sie erfüllen damit die in den Dörfern des ganzen Landes geäußerten Wünsche der landarmen und landlosen Bauern auf

Zuteilung des Junkerbodens

Der Neubau Deutschlands soll und muß sich auf demokratischer Grundlage vollziehen. Unser deutsches Volk hat niemals frei und selbständig als wahrhaft demokratische Nation sein Schicksal selbst bestimmt. Bestimmt haben im Lande die Monopolkapitalisten und Junker, die Deutschland auf den Weg der Agression geführt haben und die verbrecherische Nazidiktatur errichteten.

Die Junkerkaste war es, aus der die von Bock, Manstein, Bülow, Moltke hervorgingen, die als Diplomaten und Generalstäbler die imperialistische Kriegspolitik vorbereiteten und führten.

Das Unglück Deutschlands war es, daß sich das deutsche Volk in der Vergangenheit niemals von der Herrschaft der reaktionären Junker und Fürsten befreit und diese entmachtet hat.

Die heroischen Kämpfe der deutschen Bauern im großen Bauernkrieg, die Versuche des deutschen Bürgertums Anfang des neunzehnten Jahrhunderts, einen fortschrittlichen Weg zu gehen, die 1918/19 gemachten Ansätze zu einem demokratischen Deutschland, zu einer Befreiung der Bauern und Arbeiter vom Joch der feudalimperialistischen Kaste scheiterten. Es fehlte die notwendige Einigkeit der Werktätigen in Stadt und Land, es fehlte die notwendige Konsequenz in der Verfolgung des Ziels.

Heute, wo sich das deutsche Volk eine neue, eine kämpferische Demokratie schafft, müssen gründlich die Lehren aus der Vergangenheit gezogen werden.

Im neuen demokratischen und friedlichen Deutschland darf es keinen preußischen Militarismus, keinen herrschaftlichen Großgrundbesitz, keine Junkerkaste mehr geben. Mit der Liquidierung des Großgrundbesitzes wird einer der Hauptpfeiler des deutschen Militarismus und Imperialismus vernichtet.

Der Bauer wird frei von junkerlichem Druck durch Enteignung des Junkerbodens und seine Uebergabe an die landarmen und landlosen Bauern und Landarbeiter.

Die antifaschistischen demokratischen Parteien sind fest entschlossen, die mecklenburg-pommersche Hochburg der Junker und Militaristen zu zerschlagen und den Junkerboden den Bauern zu übergeben.

Wir sind für die Enteignung des großen Grundbesitzes der Junker und Feudalherren.

Wir sind für die Uebergabe ihres Bodens in die Hände der landarmen und landlosen Bauern und Landarbeiter gegen eine angemessene Bezahlung.

Folgender Grundbesitz ist zu enteignen, einem Bodenfonds zum Zwecke der Aufteilung zuzuführen:

1. **Der Boden aller Kriegsverbrecher und Kriegsschuldigen;**
2. der Boden der Naziführer und der aktiven Vertreter der Nazipartei und ihrer Gliederungen;
3. der Boden der führenden Personen des Hitlerstaates, der Mitglieder der Reichsregierung und des Reichstages des Nazisystems;
4. aller Boden der Junker, Feudalherren, Fürsten und Großgrundbesitzer über 100 Hektar.

Die DDR bis zum Bau der Mauer 1961

Die Alte Garde der DDR-Führung betreibt einen notorischen Jugendkult. Jugendliche sind formbar. Von Kindesbeinen an werden sie sozialistisch organisiert, erst bei den Jungen Pionieren, dann bei der FDJ. Fast idyllisch wirkt das Bild rechts unten: Eine junge FDJlerin liest Anfang der 50er-Jahre braven Pionieren in Einheitskleidung aus der Monatszeitschrift *Der Pionierleiter*. Es kann kaum überraschen, dass diese uniformierte, systemtreue Jugend (die doch niemals die ganze Wirklichkeit in der DDR war) so gar nicht jugendlich wirkt, wenn sie mit hölzernen Parolen und militärischen Ordnungsregeln bei Kundgebungen aufmarschiert, wie hier beim Pfingsttreffen der FDJ in Ostberlin am 6. Mai 1954 (Bild rechts oben). Bei den »Weltfestspielen der Jugend und Studenten für den Frieden« am 5. August 1951 im Ostberliner Walter-Ulbricht-Stadion (Bild oben) schwebt über allem das verehrte Übervätterchen Stalin.

Die DDR bis zum Bau der Mauer 1961

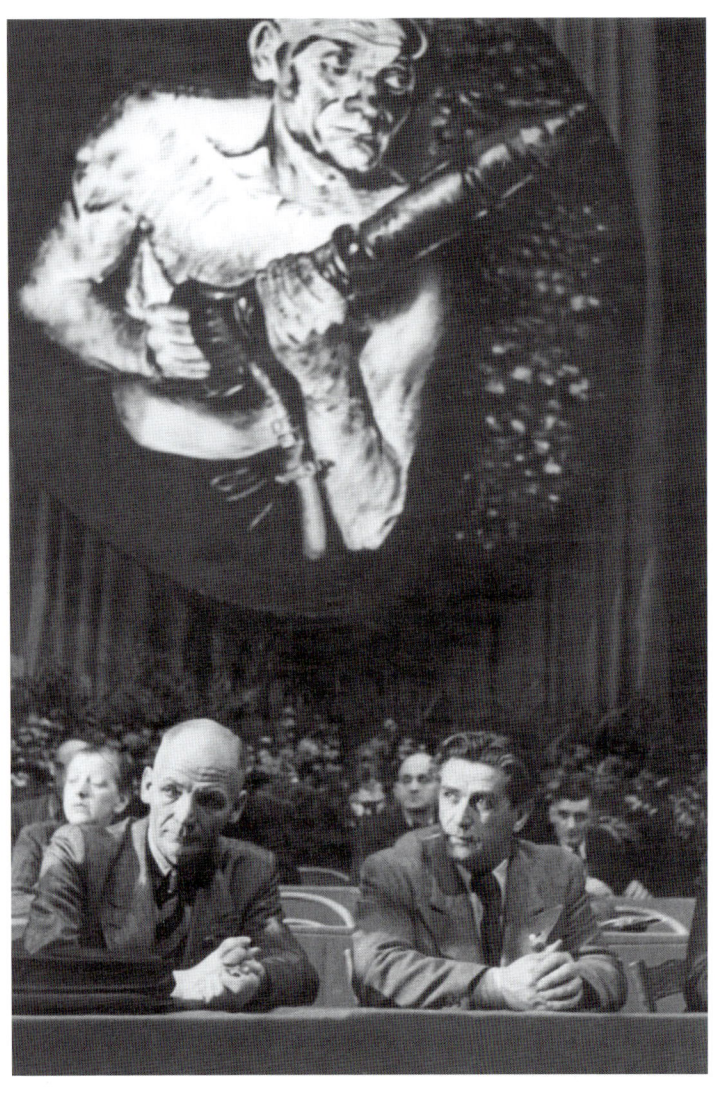

Im »Vaterland der Werktätigen« wird Arbeit zum höchsten Wertbegriff. Der leistungsfähige Arbeiter sieht sich zum Helden stilisiert. Der Bergmann Adolf Hennecke wird zum nationalen Leitbild für überragende Arbeitsleistung aufgebaut. Was er geschafft hat, soll das Vorbild für alle anderen werden. Hennecke wird zum Frontmann einer Aktivistenbewegung nach dem Vorbild der sowjetischen Stachanow-Bewegung. Bei der ersten Hennecke-Konferenz am 4. und 5. Februar 1949 in Ostberlin sitzt er unter einem riesigen Wandbild, das ihn als übergroßen, fast bedrohlichen »Helden der Arbeit« zeigt (Bild links).

Der äußerste Einsatz in der Arbeit ist gefordert, und zugleich die kämpferische Bereitschaft, die »sozialistischen Errungenschaften« der jungen DDR gegen den »Klassenfeind« zu verteidigen. Das Plakat zum 1. Mai aus den 50er-Jahren (Bild rechts) zeigt die ideale Phalanx, in der sich Arbeit und Kampfbereitschaft vereinen sollen: Arbeiter und Bäuerin, und zwischen ihnen das bewaffnete und uniformierte Mitglied einer Betriebskampfgruppe. Überraschend ist nur, dass hier zur »Verteidigung der Heimat« aufgerufen wird, ganz ohne Bezug auf die Sache der Werktätigen oder den Sozialismus.

Die DDR bis zum Bau der Mauer 1961

Die große Zahl bedeutender Schriftsteller und Künstler, die nach 1945 aus dem Exil zurückkehren und sich bewusst für die SBZ und die DDR entscheiden, möchte nur zu gerne an den Aufbau eines »besseren Deutschland« glauben. Doch die Entwicklung der DDR zum Repressionsstaat entzieht diesem Glauben schnell den Boden. Die meisten »Kulturschaffenden« bleiben dennoch loyal, arrangieren sich aber auf ganz unterschiedliche Weise mit der realsozialistischen Macht. Der expressionistische Dichter Johannes R. Becher, Autor der DDR-Nationalhymne, wird selbst Teil des Apparats. Zunächst Präsident des DDR-Kulturbundes, wird er 1954 sogar Kulturminister. Das Foto (rechts oben) zeigt ihn im selben Jahr mit Bertolt Brecht, dem weltberühmten Dramatiker (links). Gegenüber dem mächtig thronenden Becher wirkt Brecht in sich zurückgezogen, und das kennzeichnet wohl auch seine Stellung zum SED-Staat: Grundsätzlich loyal, achtet er doch auf seine Unabhängigkeit von parteipolitischen Direktiven. In seinen tagespolitischen Stellungnahmen bleibt er widersprüchlich.

Andere werden trotz ihres Glaubens an den sozialistischen Staat zu Opfern der Repression. Zu ihnen gehört der Verleger und Publizist Walter Janka (Bild rechts unten). Seine lupenreine kommunistische Biografie rettet den Leiter des Aufbau Verlags in Berlin nicht davor, wegen einer angeblichen Verschwörung 1956 vor Gericht gestellt zu werden. Walter Janka geht den Leidensweg zahlreicher DDR-Dissidenten und verbringt vier qualvolle Jahre im berüchtigten Stasi-Zuchthaus Bautzen II (Bild links).

Die DDR bis zum Bau der Mauer 1961

Was mit Streiks an den Baustellen der Ostberliner Stalinallee gegen Normerhöhungen begann, weitet sich am 17. Juni 1953 zu einem Volksaufstand gegen das SED-Regime aus. Als überall im Land Gefängnisse, Stasi-Gebäude und Stadtverwaltungen gestürmt werden und allein in Berlin 150 000 Menschen auf die Straße gehen, wird der Ausnahmezustand ausgerufen. Die Rote Armee rettet das Regime.

Sowjetische Panzer rollen durch Ostberlin (Bild links). Kurz zuvor haben Demonstranten die rote Fahne vom Brandenburger Tor geholt. Unter »Hau-ruck«-Rufen wird sie von der Menge auf dem Pariser Platz zerrissen (Bild oben). Es ist ein kurzer Augenblick der symbolischen Befreiung, bevor der Aufstand gewaltsam niedergeschlagen wird.

Die DDR bis zum Bau der Mauer 1961

Dramatische Szenen spielen sich am 17. Juni 1953 in den Straßen Ostberlins ab. In der dicht mit Menschen gefüllten Friedrichstraße steht ein Kontrollhaus der DDR-Volkspolizei nach Erstürmung durch Demonstranten in Flammen (Bild oben). Nach der Mobilisierung der Roten Armee gibt es zahlreiche Tote und Verletzte. Eines der mehr als 50 Todesopfer wird von Mitstreitern fortgetragen (Bild rechts).

In ihrer Vasallentreue zur Sowjetunion nimmt sich die DDR das Land der Roten Oktoberrevolution zum bedingungslosen Vorbild.

Auch dem Militärbündnis Warschauer Pakt, dem Gegengewicht zur westlichen NATO unter der Führung Moskaus, gehört die DDR an. Das Foto (rechts oben) zeigt die sowjetische Delegation während der Warschauer Gründungskonferenz im Mai 1955. Für alle Lebensbereiche gilt: »Von den Sowjetmenschen lernen heißt siegen lernen«. Davon künden auch dieses Propagandaplakat von 1952 (Bild oben) und das Lenin-Porträt 1958 in Schwedt (Bild rechts unten).

Die DDR bis zum Bau der Mauer 1961

DDR-Bürger zwischen paramilitärischer Mobilisierung und friedlichem Freizeitvergnügen – der Alltag hatte viele Gesichter. Das Foto (links) zeigt Hundertschaften der Betriebskampfgruppen am 15. April 1957 auf dem Weg zum Bebelplatz in Berlin. Rund 3000 mit Karabinern bewaffnete Mitglieder der Kampfgruppen werden dort eine Bürgerkriegsübung mit einem Appell beenden.

Die zweite Szene (Bild rechts) scheint unendlich fern von der Drohgebärde dieser martialischen Aufmärsche zu sein: Bürger in Naumburg stehen 1960 für eine der leckeren Thüringer Bratwürste Schlange.

>> Sobald man eine Schlange vor einem Laden entdeckte, stellte man sich flugs hintan. Dann erst hörte man, was es überhaupt gab, meist etwas Rares. <<
Oda Tietz

Die DDR bis zum Bau der Mauer 1961

Vertraute Welt des Häuslichen. Wo die Inneneinrichtung der DDR-Wohnungen aus aktueller Produktion der späten 50er-Jahre ist, kann sie so aussehen wie auf diesen Aufnahmen (Bilder rechts). Hängeschrank und Ehebett in Naturholzfurnier, Stores mit Zackenoptik und Häkeldeckchen auf dem Frisiertisch hätte man ebenso gut im Westen finden können. Die Wanduhr wirkt gesamtdeutsch vertraut. Auch in der DDR hat zu diesem Zeitpunkt das Fernsehzeitalter begonnen.

Die Werbebotschaft des Plakats der Konsum-Bürstenwarenfabrik (Bild links) hebt sich dagegen deutlich ab von den Slogans westlicher Marketingstrategen. Das System der DDR hat seine eigene Werbesprache, aber auch eigene Qualitätsmaßstäbe.

» Moderne Menschen kaufen modern. «
Werbeslogan der HO-Läden

Die DDR bis zum Bau der Mauer 1961

In den frühen Morgenstunden des 13. August 1961 riegelt die DDR alle Übergänge nach Westberlin ab. Barrikaden und Stacheldraht sperren zunächst die Grenze provisorisch ab. Dann beginnt der Bau einer Mauer, die Berlin für mehr als 28 Jahre zur zweigeteilten Stadt macht. Sie soll den Flüchtlingsstrom nach Westen, der die DDR auszubluten droht, wirksam unterbinden.

Abgesichert von bewaffneter Volkspolizei und NVA, wird die Mauer an der Chausseestraße zwischen dem französischen und sowjetischen Sektor von Berlin am 4. Dezember 1961 mit Beton-Fertigteilen geschlossen (Bild links). Von DDR-Seite gibt es herausfordernde Blicke – diese Volksarmisten sehen sich bei den stärkeren Bataillonen. Andere aus ihren Reihen aber nutzen die Gelegenheit zur Flucht. Es könnte die letzte Möglichkeit sein, bevor die Grenze geschlossen ist. Der 19-jährige Volkspolizist Conrad Schumann setzt sich am 15. August 1961 mit einem Sprung über die Stacheldrahtabsperrung in den Westteil Berlins ab. Kurz zuvor hat er noch die Absperrung an der Ecke Bernauer Straße/Ruppiner Straße abgesichert. Er trifft offenbar einen schnellen Entschluss. Noch im Sprung lässt er seine Waffe fallen (Bild oben).

Die DDR bis zum Bau der Mauer 1961

In Berlin spielen sich nach dem Mauerbau dramatische Szenen ab. Solange nicht jedes Schlupfloch zu den Westsektoren zugemauert ist, versuchen Ostberliner Bürger unter Lebensgefahr die Flucht. Auf »Republikflüchtlinge« wird geschossen. Wer gefasst wird, muss mit hohen Freiheitsstrafen rechnen.

Westberliner Feuerwehrleute halten ein Sprungtuch bereit, als eine ältere Frau aus dem ersten Stock eines Hauses an der Grenze zwischen Ost- und Westsektoren springen will (Bild oben). Die Flucht wird glücklicherweise gelingen.

Aber nicht jeder kann und will fliehen. Die Bürger West- und Ostberlins, Verwandte, Freunde, Liebespaare und Kollegen werden durch den Mauerbau für viele Jahre voneinander getrennt. Die Schatten der beiden winkenden Westberliner, die in der Wildenbruchstraße in Neukölln im Oktober 1961 ihre Verwandten im Osten über die Mauer hinweg grüßen, wirken melancholisch. Sie können aber auch als Zeichen der Hoffnung gelesen werden: Wir geben nicht auf, wir lassen uns nicht auseinanderbringen (Bild links).

Die DDR bis zum Bau der Mauer 1961

In der Propaganda des DDR-Regimes gilt die Mauer als »antifaschistischer Schutzwall«, errichtet, um die Grenze gegen die »Kriegstreiber« und »Menschenhändler« aus dem Westen zu schützen. Aber die Sperrgürtel und Todesstreifen richten sich ausschließlich nach innen.

Das DDR-Pressefoto vom 14. August 1961 gibt die parteioffizielle Lesart wieder. Auf der Westseite des Brandenburger Tores sind vor der Sektorengrenze Grenzschützer mit angelegter Waffe aufgezogen (Bild links). Der Text dazu: »Unsere Kampfgruppen. Die Kämpfer aus unseren VEB und staatlichen Institutionen auf der westlichen Seite des Brandenburger Tores schützen unsere Grenzen.«

Eine Aufnahme aus denselben Tagen zeigt ebenfalls das Brandenburger Tor, aber ohne die Inszenierung der DDR-Staatspropaganda. Der Standort des Fotografen liegt hundert Meter entfernt, im Westsektor (Bild rechts).

Relative Stabilität

Die DDR in den Sechziger- und Siebzigerjahren

Die Mauer war das Monument des Scheiterns der jungen DDR und zugleich der Preis für ihr Überleben. Welche existenzielle Bedeutung sie hatte, wird sich auf dramatische Weise 28 Jahre später zeigen, als der Eiserne Vorhang sich hebt und die DDR im Massenexodus ihrer Bürger zusammenbricht. Im Schatten der Mauer aber kommt das Land zunächst zur stacheldrahtbewehrten Ruhe. Wie haben die Menschen diese relativ stabilen und teilweise erfolgreichen Jahre der DDR erlebt? Was sind die guten, was sind die dunklen Seiten des Lebens in der DDR? In welche Richtung entwickeln sich Staatsmacht und Wirtschaftssystem in diesen zwei Jahrzehnten, und wie verändert sich schließlich auch das deutsch-deutsche Verhältnis?

Tödliches Bollwerk

In den vielen Jahren ihres Bestehens wechselt die Mauer mehrfach ihr Gesicht. Am 13. August 1961 sind es noch Absperrungen aus Stacheldraht, mit denen Berlin geteilt wird. Dann beginnt die Aufmauerung einer ersten, etwa zwei Meter hohen Mauer aus Hohlblocksteinen. Die Türen und Fenster von Häusern, die nahe an der Sektorengrenze stehen, werden zugemauert. In den folgenden Jahren werden die Grenzanlagen in Berlin wie an der innerdeutschen Grenze schrittweise perfektioniert: mit Beobachtungstürmen, Bunkern, einer doppelten Mauerreihe aus Beton und einer Sperrzone dazwischen, die zum Todesstreifen wird.

Wer dieses hochgerüstete Bollwerk überwinden will, muss damit rechnen, getötet zu werden. »Gegen Verräter und Grenzverletzer ist die Schusswaffe anzuwenden«, so eine Direktive Erich Honeckers schon einen Monat nach dem Bau der Mauer. Das erste Opfer ist am 24. August 1961 Günter Litfin. Er wird bei dem Versuch erschossen, den Humboldthafen zu durchschwimmen, um das westliche Ufer zu erreichen. Viele andere werden danach ihren Fluchtversuch mit dem Leben bezahlen. Wie viele es genau waren, konnte aufgrund der systematischen Verschleierung durch die Staatsführung bis heute nicht geklärt werden. Die Angaben schwanken zwischen einigen Hundert und 1200 Opfern. 27 Jahre später, am 6. Februar 1989, wird der 20-jährige Chris Gueffroy der Letzte sein, der an der innerdeutschen Grenze von den Schüssen der Grenzsoldaten tödlich getroffen wird.

Ein kleines Wirtschaftswunder

Was man mit dem Mauerbau zu erreichen hofft, scheint sich zu erfüllen: Bald geht es mit der Wirtschaft der DDR aufwärts. Nachdem die Massenflucht von Arbeitskräften unterbunden ist, kann der Wirtschaftsmotor wieder auf volle Kraft geschaltet werden. Das wird von einem »Neuen Ökonomischen System der Planung und Leitung« unterstützt, mit dem die SED im Jahr 1963 ihre Reformfähigkeit beweisen will. Bisher wurden alle Planentscheidungen strikt zentralistisch und von oben getroffen, jetzt erlangen die volkseigenen Betriebe mehr Eigenständigkeit. Sie sollen sich mit eigenen Vollmachten und Entscheidungen den Märkten besser anpassen können, als dies zuvor möglich war.

Selbst das Wort »Gewinn« ist in dieser neuen Wirtschaftspolitik nicht länger verpönt.

Erste wirtschaftliche Erfolge lassen nicht lange auf sich warten. Mit der Arbeitsproduktivität steigt die Ausstattung der Haushalte mit Waschmaschinen und Kühlschränken, mit Fernsehgeräten, Motorrädern und Autos. Seit 1957 wird in Zwickau der »Trabant« gebaut. Wenn die Wartelisten auch lang sind und die meisten viele Jahre warten müssen, bis sie einen dieser Zweitakter mit Plastekarosserie ihr Eigen nennen dürfen, so ist der heiß begehrte »Trabi« doch das eigentliche Symbol des neuen bescheidenen Wohlstands.

Noch in den 60er-Jahren steigt die DDR zur zweitstärksten Wirtschaftsmacht innerhalb des Rates für gegenseitige Wirtschaftshilfe (RGW), der Wirtschaftsgemeinschaft der sozialistischen Staaten, auf. Trotz systembedingter Rückschläge, die immer wieder die Grenzen und Widersprüche der vorsichtigen Reformpolitik aufzeigen: Es herrscht für einige Jahre Aufbruchstimmung in der DDR.

> » Der »Prager Frühling« war für mich und viele meiner Generation ein Schlüsselerlebnis. [...] Als im August 1968 die Panzer des Warschauer Pakts diese Bewegung niederwalzten, verurteilte ich den Eingriff als unmenschliches, unentschuldbares Verbrechen. «
> Udo Wanke-Kreh

Neues Selbstbewusstsein

Vieles spricht dafür, dass es der DDR-Führung in den 60er-Jahren gelingt, bei einem größeren Teil ihrer Bürger Zustimmung – wenn zum Teil auch kritische – zu erzielen. Der allgemeine Lebensstandard steigt deutlich an, die Grundversorgung mit Lebensmitteln und Wohnraum ist durch staatliche Subventionen äußerst preiswert, die Fünf-Tage-Woche wird eingeführt, und es gibt Arbeit für jeden. Was vorher undenkbar schien, wird jetzt mit den »sozialen Errungenschaften« des sozialistischen Fürsorgestaats zu einer neuen Erfahrung: dass die DDR im Systemwettstreit zwischen Ost und West womöglich ein ernst zu nehmendes Alternativmodell darstellen könnte. Die Menschen in der DDR wollen nicht mehr nur als die armen Verwandten im »falschen« Teil Deutschlands angesehen werden, sondern sind stolz auf ihre Erfolge. Sie entwickeln allmählich ein eigenes Staatsbewusstsein, eine Identität als DDR-Bürger.

Dieses neue Selbstbewusstsein der DDR findet in ehrgeizigen Bauvorhaben Ausdruck. Ostberlin – die »Hauptstadt der DDR« – soll zur attraktiven Visitenkarte des sozialistischen deutschen Staates werden. Nach einem bedenkenlosen urbanistischen Kahlschlag entsteht das neue Zentrum in Form monumentaler moderner Plattenbauten. Mitten darin, neben der erhalten gebliebenen mittelalterlichen Marienkirche, wird 1969 das neue Wahrzeichen Berlins fertiggestellt, der 368 Meter hohe Fernsehturm mit seiner markanten Kugeloptik: ein Ausrufezeichen am Berliner Himmel. Den eigenen Bürgern wie dem Westen wird signalisiert: Hier vollzieht ein leistungsstarkes Land den Aufbruch in die Moderne.

Enttäuschte Hoffnungen

Die wirtschaftlichen Erfolge dieser Jahre dürfen allerdings nicht darüber hinwegtäuschen, dass es keine Fortschritte im Bereich rechtsstaatlicher Grundsätze und persönlicher Freiheitsrechte gibt. Im Gegenteil: Der Mauerbau stärkt die Scharfmacher des Regimes. Politische Prozesse gegen »Staatsfeinde« und »negative Elemente« sind an der Tagesordnung, auch Fluchtversuche und deren Vorbereitung werden strafrechtlich verfolgt. Es bleibt dabei: Die Grundrechte auf Freizügigkeit und freie Meinungsäußerung, das freie Wahlrecht oder das Recht auf Streik sind in der DDR faktisch suspendiert. Wer sich das Recht nimmt zu opponieren, zu »nörgeln«, zu »hetzen«, der muss die ganze Härte staatlicher Repression fürchten.

Nur einen kurzen glücklichen Moment lang kündigt sich Tauwetter auch auf der östlichen Seite des Eisernen Vorhangs an. Im Jahr 1968, als im Westen die Studentenbewegung rebelliert, setzen sich in der Tschechoslowakei Reformkräfte durch, die einen »dritten Weg« zwischen Kommunismus und Kapitalismus beschreiten wollen. Im »Prager Frühling« wird eine andere Form der Wirtschaftsorganisation angedacht, und es gibt plötzlich Meinungs- und Pressefreiheit. Doch die Hoffnung auf einen »Sozialismus mit menschlichem Antlitz« wird blutig erstickt: Am 21. August marschieren Truppen der Warschauer-Pakt-Staaten in Prag ein. Sie machen den Reformen und der Freiheitsbewegung ein Ende.

Die DDR wird von diesen Ereignissen stärker erschüttert, als es von außen wahrnehmbar ist. Für die Hardliner in der SED-Führung sind die Reformen der tschechoslowakischen Genossen nichts anderes als Konterrevolution. Sie haben keine Skrupel, die NVA für die Militäraktion gegen das Nachbarland zu mobilisieren, auch wenn aus Gründen der historischen »Pietät« letztendlich keine deutschen Soldaten in Prag einmarschieren. Aber es gibt große Sympathien für die tschechoslowakischen Reformen in der Bevölkerung, bis weit in die Reihen der SED hinein. Als dann die Panzer wieder einmal alle Hoffnungen zerstören, wie 1953 in Berlin und 1956 in Budapest, kommt es zu zahllosen spontanen Protesten in der DDR. Vor allem Jugendliche begehren auf, verfassen und verteilen Flugblätter, sammeln Unterschriften oder malen politische Parolen an die Häuser. Doch am Ende wird bei den meisten Resignation stehen: Die Niederschlagung des »Prager Frühlings« demonstriert erneut, dass es keine politische Emanzipation innerhalb des sozialistischen Blocksystems geben wird. Zumindest nicht, solange die Sowjetunion ihre Vormachtstellung innerhalb »ihres« Blocks durchsetzen will und kann.

Agenten gegen das eigene Volk

Der Staatssozialismus erhebt einen absoluten Anspruch auf die Kontrolle seiner Bürger. Jede Art von Dissidenz, jede oppositionelle Regung, selbst das Abweichen von der gerade gültigen politischen Linie wird als gesellschaftlich unerwünschtes, staatsgefährdendes Verhalten interpretiert. Der Feind scheint nicht nur außen zu stehen, als Gegner im großen Systemkonflikt, sondern vor allem in der eigenen Bevölkerung. Nichts entwickelt sich daher in der DDR so expansiv wie der Apparat des Ministeriums für Staatssicherheit, die Stasi. Sie wird zum Riesenkraken, der seine Fangarme ausstreckt in alle Orte, Betriebe, Freundeskreise und Familien – ein Staat im Staate, der einer eigentümlichen Paranoia erliegt, dem Generalverdacht gegen das eigene Volk.

Aus kleinen Anfängen wächst das Ministerium für Staatssicherheit zu einer großen, undurchsichtigen Behörde heran, die strikt militärisch organisiert ist. Ab 1957 wird sie über 30 Jahre lang von Erich Mielke geleitet, der bis zu seinem erzwungenen Rücktritt 1989 in diesem Amt zum wohl meistgehassten Mann der DDR wird. Die Stasi überzieht das Land mit einem flächendeckenden System von Spitzeln, sogenannten IMs, Inoffiziellen Mitarbeitern. Geschätzte 170 000 solcher Zuträger werden es (neben mehr als 90 000 Hauptamtlichen) am Ende der DDR sein. Sie beobachten und horchen aus: Nachbarn, Kollegen, Freunde oder sogar die eigene Ehefrau. Wenn die Informationen der IMs den Verdacht gegen eine Person erhärten, scheut die Stasi vor nichts zurück, um das Leben eines solchen »Staatsfeindes« zu zerstören. Die Instrumente der »Zersetzungsmaßnahmen« reichen von Psychoterror und Mobbing bis zu Körperverletzung und Mord. Der Stasiapparat verfügt über eigene, berüchtigte Gefängnisse, er überwacht den Grenzverkehr und die Telefonleitungen und betreibt mit seiner »Hauptabteilung Aufklärung« die Auslandsspionage in den westlichen Ländern.

Eine neue Ära?

Er ist der typische Apparatschik, linientreu und dogmatisch, hart und unnahbar geworden in Jahrzehnten kommunistischer Parteiarbeit. Walter Ulbricht ist der starke Mann der DDR in der ersten Hälfte ihres Bestehens:

SED-Chef seit 1950, Staatsoberhaupt seit 1960, zeichnet er verantwortlich für die eiserne Linie gegen den Volksaufstand im Juni 1953 wie für den Mauerbau im August 1961. In fortgeschrittenem Alter entwickelt Ulbricht eigenwillige Züge. Die unbestreitbaren wirtschaftlichen Erfolge seines Landes verleiten ihn dazu, dem großen Bruder in Moskau das »Modell DDR« als Vorbild zu empfehlen. Dort reagiert man verschnupft. Eigenmächtigkeiten erlaubt er sich auch in der Deutschlandfrage, die er – anders als die Sowjetunion unter Leonid Breschnew – nicht für erledigt hält. Sein Kronprinz Erich Honecker, der schon länger auf die Ablösung des alten Mannes hinarbeitet, nutzt die Gunst der Stunde und stürzt den 77-jährigen Ulbricht mit der Rückendeckung Moskaus im Mai 1971.

Ein Generationenwechsel in der DDR-Führung ist längst überfällig. Allerdings ist auch Honecker schon 58 Jahre alt, als er das Erbe des äußerst unpopulären Ulbricht als SED-Chef antritt, und seine Zeit als FDJ-Vorsitzender liegt lange zurück. Für höhere Aufgaben hat er sich vor allem durch die Organisation des Mauerbaus empfohlen – Honecker ist wahrlich kein Mann des politischen Frühlings. Dennoch wird der personelle Umbruch von den Menschen in der DDR hoffnungsvoll aufgenommen, als Zeichen des Wandels. Mit Honecker, so scheint es, beginnt eine neue Ära. Und tatsächlich erlebt das Land in den kommenden Jahren, bis in die späten 70er, seine beste Zeit, mit wirtschaftlichem Boom, erheblicher Verbesserung sozialer Leistungen, außenpolitischen Erfolgen und zaghaften innenpolitischen Lockerungen. Das politische System aber bleibt zementiert wie zuvor, und der Unterdrückungsapparat der Stasi breitet sich ungehindert weiter aus.

> »Verhaftungen erfolgten, wie bei den Nazis, fast immer nachts und sollten möglichst lautlos ablaufen.«
> Fritz E. Gericke

Honeckers Wohlfahrtsstaat

Wirtschaftspolitisch vollzieht Honecker 1971 eine Kurskorrektur, die die DDR ein Jahrzehnt später endgültig auf eine abschüssige Bahn bringen wird. Unter der Parole von der »Einheit der Wirtschafts- und Sozialpolitik« rücken die Konsumgüterproduktion und die Erhöhung der sozialen Leistungen ganz in den Mittelpunkt. Die DDR erklärt sich faktisch zum Wohlfahrtsstaat, der sich hauptsächlich der »Erhöhung des materiellen und kulturellen Lebensniveaus des Volkes« verschrieben hat. Dass dieses Ziel realistischerweise an eine hinreichende Erhöhung der Effizienz und der Arbeitsproduktivität gebunden ist, rückt sehr bald in den Hintergrund – die DDR beginnt, auf Pump zu leben.

Zunächst aber geht es aufwärts: Ein großes Wohnungsbauprogramm schafft Zehntausende Wohnungen in neuen Stadtvierteln oder Trabantensiedlungen, als Plattenbau realisiert, und lindert die immer noch große Wohnungsnot. Mieten und Grundnahrungsmittel bleiben staatlich subventioniert und sind extrem preiswert. Die Mindestlöhne werden erhöht, auch die Renten. 1976 wird ein »Babyjahr« eingeführt und der Schwangerschaftsurlaub verlängert. Die gute medizinische Versorgung ist kostenlos. Bereits im Jahr 1975 kommen auf 100 Haushalte 82 Fernseher, 86 Kühlschränke und immerhin 26 Autos. Wer kann, »gönnt sich was« und geht dazu in Intershop-, Delikat- oder Exquisit-Läden, in denen es hochwertige, teure Waren aus dem Westen oder einheimische Luxusprodukte zu kaufen gibt. Allerdings öffnet sich bereits die Schere zwischen verfügbarem Einkommen und Warenangebot – es gibt letztlich nicht genug zu kaufen. Der Kaufkraftüberhang führt zu einem rasanten Wachstum der Spareinlagen.

> » Er humpelt zur S-Bahn. Hinter ihm schließt der Betriebsschutz das Werktor. Die Norm ist geschafft (1200 Schaltstücke in 540 Minuten). Auf diesen Füßen marschiert die Zukunft, steht auf dem Plakat über dem Warenhaus. «
> Thomas Brasch

Zum Symbol dieses modernen, leistungsfähigen Wohlfahrtsstaates der Honecker-Ära soll der »Palast der Republik« werden, der bis 1976 auf dem Gelände des alten Berliner Stadtschlosses errichtet wird. Er ist nicht nur Sitz der Volkskammer und Kongresszentrum, sondern erfreut sich größter Beliebtheit als gut ausgestattetes Freizeit- und Veranstaltungszentrum.

Die Arbeitswelt, der »Kampfplatz des Sozialismus«

Seit 1959 schmücken Hammer, Zirkel und Ährenkranz die schwarz-rot-goldene Flagge der DDR. Das Staatswappen symbolisiert die drei Kerngruppen der sozialistischen Arbeitsgesellschaft: die Arbeiterklasse, die Bauern und die werktätige Intelligenz. »Arbeit« ist der zentrale Wertbegriff der DDR; der harten körperlichen Arbeit kommt dabei der höchste Rang zu. Die Betriebe werden zu den eigentlichen »Kampfplätzen« des sozialistischen Aufbaus. Jedes Jahr am 1. Mai wird die Arbeit staatsoffiziell gefeiert, und »Bestarbeiter« erhalten Prämien und rote Nelken.

Das Recht auf Arbeit ist verfassungsmäßig garantiert, und es ist auch kein Problem, dieses Recht umzusetzen. Denn in allen Phasen der DDR-Geschichte herrscht großer Arbeitskräftemangel. Überall an den Betriebstoren hängen Schilder, auf denen freie Stellen ausgeschrieben sind. Das Abwerben von Beschäftigten anderer Betriebe ist allerdings verboten. Faktisch besteht in der DDR Arbeitspflicht: Wer ohne triftigen Grund keiner Beschäftigung nachgeht, gilt als »asozial«, als »Herumtreiber«, und muss mit polizeilicher Vorladung und Strafen rechnen.

In den Betriebsstätten hat der nicht vorhandene Arbeitsmarkt, aber auch das ideologische Selbstverständnis »volkseigener« Betriebe negative Auswirkungen auf Arbeitsdisziplin und Effizienz. Gleichzeitig ist die sozialpolitische Bedeutung der Betriebe, gerade der großen Kombinate, immens: Es gibt eigene Kinderkrippen und Ferienheime, Krankenstationen und Bibliotheken, gut versorgte Verkaufsstellen und Wohnungsvermittlungen. Der Arbeitsplatz wird zur zweiten Heimat mit Rundum-Versorgung, das Betriebskollektiv zu einer zweiten Familie, oft ein ganzes Arbeitsleben lang.

Angesichts der zentralen Bedeutung, die Arbeitsplatz und Betriebszugehörigkeit für jeden erwachsenen Menschen in der DDR haben, ist es nicht verwunderlich, dass die SED betrieblich organisiert ist und bis hinunter auf die Abteilungsebene eigene Parteisektionen bildet. Faktisch entscheidet der Leiter der SED-Betriebsorganisation über alle wichtigen betriebsinternen Fragen und behauptet die »führende Rolle der Partei« gegenüber dem wirtschaftlichen Betriebsführer und der Gewerkschaftsleitung. Die Aufgabe des FDGB, der Gewerkschaft, ist es längst nicht mehr, aktiv die Interessen der Beschäftigten wahrzunehmen, denn diese »herrschen« ja ohnehin im volkseigenen Betrieb. Sie kümmert sich neben ideologischen Zielen und der Planerfüllung um Verteilungsaufgaben wie die Belegung von Ferienheimen, die Unterstützung bei der Wohnungssuche, den Ausbau von Betriebskindergärten.

Die Hälfte des Himmels

Am 8. März feiert die DDR den internationalen Frauentag. Nach sozialistischer Tradition werden Frauen an diesem Tag geehrt als Mitstreiterinnen im Arbeitsleben wie als Genossinnen im Fortschrittskampf. Symbolisch verbindet sich hier ein emanzipiertes Frauenbild mit dem Versprechen auf politische und soziale Gleichstellung.

Die Umsetzung der Gleichheit der Geschlechter soll vor allem in der Arbeitswelt stattfinden. Während im Westen lange Zeit noch das Rollenbild der Hausfrau und Mutter vorherrscht, treten Frauen in der DDR massenhaft ins Erwerbsleben ein, üben lebenslang einen Beruf aus und haben ihr eigenes Einkommen. Frauen stehen an der Werkbank und führen Baukräne – Bilder, die in der Bundesrepublik seinerzeit undenkbar sind. Auch in der Berufsausbildung und im Studium ziehen die ostdeutschen Frauen mit den Männern gleich.

Die DDR kann sich bald rühmen, die höchste Frauenerwerbsquote der Welt zu haben – am Ende stehen über 90 Prozent der Frauen im Berufsleben. Natürlich hat das auch mit dem notorischen Arbeitskräftemangel in der DDR zu tun, verstärkt durch die Massenabwanderung bis zum Bau der Mauer. Aber es ist im Ergebnis ein gesellschaftlicher Umwälzungsprozess, der wirksam mit alten Rollenbildern bricht.

Das gilt mit Einschränkungen: Im Alltag sind die berufstätigen Frauen der DDR meistens Mehrfachbelastungen ausgesetzt. Sie kümmern sich nach und neben der Arbeit auch noch um Haushalt, Familie und Kinder und können dafür nur selten auf die Hilfe ihrer wenig emanzipierten Ehemänner bauen. Eine wirksame Unterstützung ist der bedarfsdeckende Ausbau von Kinderkrippen und Kindergärten durch den Staat und das Anrecht auf einen Haushaltstag. Die Hälfte des Himmels gewinnen die Frauen in der DDR dennoch nicht für sich. Die höhere Belastung bremst sie auf der Karriereleiter aus: Ihr Anteil an den unteren Lohngruppen ist hoch (wenn auch nicht so hoch wie im Westen), und in den führenden Positionen von Staat und Wirtschaft bleiben Frauen massiv unterrepräsentiert.

Kunst und Sozialismus

Nach dem Krieg waren viele herausragende Schriftsteller und Künstler, die aus dem Exil heimkehrten, bewusst in die SBZ bzw. DDR gegangen. Sie hofften, hier das »bessere Deutschland« zu finden, und setzten sich nach der NS-Zeit für eine radikale gesellschaftliche Wende hin zu einem humanen Sozialismus ein. Bertolt Brecht und Helene Weigel, Anna Seghers und Arnold Zweig, der Komponist Hanns Eisler und der Schriftsteller Johannes R. Becher, von dem der Text zur Nationalhymne der DDR stammt, gehören neben vielen anderen zu dieser Gründergeneration, die den kulturellen Aufbruch der Anfangsjahre verkörpert.

Für den SED-Staat ist Kultur allerdings kein Raum der Freiheit, sondern sie bleibt seinen ideologischen Maximen untergeordnet. Bald greift er in das künstlerische Schaffen ein, mit engen kulturpolitischen Direktiven und mit staatlicher Zensur gegen das Unerwünschte. Das wird sich bis zum Ende der DDR nicht ändern, trotz kurzer Tauwetterperioden, in denen die Zügel gelockert werden. Kunst und Literatur sollen parteilich sein, das ist der kulturpolitische Anspruch.

Die erwünschten künstlerischen Ausdrucksmöglichkeiten verengen sich auf einen »sozialistischen Realismus«, der zur staatsoffiziellen Kunstdoktrin wird. Positiv soll Kunst sein, nah an den Arbeits- und Lebensverhältnissen und erzieherisch im Sinne des sozialistischen Menschenbilds. Das schließt vieles aus, von Werken der »westlichen Moderne« bis zu den Romanen von Franz Kafka. Es bedeutet auch das Veröffentlichungsverbot für viele zeitgenössische Künstler in der DDR, für Schriftsteller, Maler wie Filmemacher. So beginnt schon früh der Exodus in Richtung Westen, den Schriftsteller wie Uwe Johnson und Heinar Kipphardt oder bildende Künstler wie Gerhard Richter antreten. Andere bleiben im Osten, können ihre Werke aber nur im Westen veröffentlichen. Ende der 70er-Jahre kommt es dann infolge der Ausbürgerung des Liedermachers Wolf Biermann zu einem wahren Aderlass, der die kulturelle Landschaft der DDR ausbluten lässt.

Trotz staatlicher Gängelung, trotz Realismus-Zwang und Zensur beweist sich dennoch der Eigensinn der Künste, die nicht so einfach unter Kuratel zu stellen sind. Zwar gibt es die hundertprozentig konformen »Kulturschaffenden«, die belanglose Staatskunst produzieren.

Aber es gibt auch die vielen, die sich diesem sozialistischen Staat verbunden fühlen und doch an ihm leiden und die ihre kritische Loyalität in ihren Werken zum Ausdruck bringen. Oder die sich Freiräume schaffen, in denen sich Widerständiges einnisten kann: Schriftsteller wie Heiner Müller oder Volker Braun, Christa Wolf oder Irmtraud Morgner, Maler wie Bernhard Heisig oder Wolfgang Mattheuer. Ihre Werke sind es, die den hohen Rang der Literatur und Kunst in der DDR ausmachen, auch über das Ende dieses Staates hinaus.

> » Was hielt sie zusammen? Wie hielten sie es miteinander aus? Wenn man sie fragte, antwortete der eine für den andern und der andere mit: Im gesellschaftlichen Interesse. Aha, natürlich, erwidere ich: das Ding, um dessentwillen ich schreibe. «
> Volker Braun

»Vorschein der Zukunft«

»Unsere Städte sollen Kindern Gärten sein«, so heißt es in den 70er-Jahren auf einem Plakat. Die Zuwendung zu Kindern und die umfassende Förderung von jungen Menschen ist dem sozialistischen Staat ein Anliegen. Aber er erhebt auch den uneingeschränkten Anspruch, die Kinderseelen nach seinen Vorstellungen von einer »entwickelten sozialistischen Persönlichkeit« zu formen. Vielfältige Bildungs- und Freizeitmöglichkeiten und totalitäre Verfügungsgewalt sind die zwei Seiten von Kindheit und Jugend in der DDR.

Von klein auf werden Kinder organisatorisch eingebunden. Mit sechs Jahren treten sie den Jungen Pionieren bei, mit zehn Jahren steigen sie auf zu den Thälmann-Pionieren, mit 14 Jahren gibt es dann einen nahtlosen Übergang zur FDJ, dem großen Jugendverband, dem man bis zum Alter von 25 Jahren angehört. Wer sich hier verweigert, muss Nachteile in seiner Schullaufbahn oder bei der Berufswahl befürchten. Doch die meisten tragen das Halstuch der Pioniere und das blaue Hemd der FDJ durchaus mit Stolz.

Kinder in der DDR dürfen sich als Träger einer Verheißung fühlen – als »Vorschein der großen sozialistischen Zukunft«; an ihnen wird daher nicht gespart. Im »Haus des Kindes« in Berlin sind die Übungssäle mit Parkett ausgelegt, und die Gaststätte ist speziell für Kinder eingerichtet, mit kleinen Tischen und Stühlen und Brause als Standardgetränk. Die Massenverbände sorgen für ein reiches Angebot: Pionierhäuser, Ferienlager, Kinder- und Jugendtheater, Trachten- und Singegruppen, Sport, Konzerte oder Tanzveranstaltungen. Es gibt ein Vielzahl wunderbarer Kinder- und Jugendbücher, ebenso Filme, Theaterstücke und Hörspiele.

Die DDR in den Sechziger- und Siebzigerjahren

Bei Weitem nicht alles davon ist als politische Indoktrination abzutun. Aber trotz einiger Freiräume und unpolitischer Nischen wirkt doch im gesamten Verlauf einer Kindheit und Jugend in der DDR die ideologische Ausrichtung auf den bestehenden Staatssozialismus und den Marxismus-Leninismus. Als anschlussfähig erweist sich vor allem das utopische Potenzial der sozialistischen Idee, für das sich jugendlicher Idealismus begeistern lässt. Das Buch »Weltall – Erde – Mensch«, das jeder Vierzehnjährige als Geschenk zur Jugendweihe erhält, beschreibt als Ideale des »neuen Menschen«: »Frieden, Arbeit, Freiheit, Gleichheit, Brüderlichkeit und Glück aller Völker!«

Pflanzschulen einer »allseitig entwickelten sozialistischen Persönlichkeit«

Wenn es um Bildung geht, sind manche in der DDR gleicher als andere. Auf dem Weg zum Hochschulstudium werden Kinder aus Arbeiter- oder Bauernfamilien bevorzugt. Das korrigiert historische Bildungsdefizite, schafft aber auch neue Ungerechtigkeit. Ohnehin gilt die Aufnahme an einer Hochschule als Privileg, das man sich verdienen muss. Nicht nur durch die »richtige« soziale Herkunft, sondern auch durch politisches Wohlverhalten und nachweisliche Loyalität gegenüber dem sozialistischen Staat.

> »Was bringst Du ein, um unserer Gesellschaft zu nutzen?« – So oder ähnlich gestellte Fragen bzw. Vorwürfe hörte ich ständig zwischen 1970 und 1975 von meinen Lehrern, Berufsausbildern usw. – Vergleiche auch die Parteitagsparole von 1981: »Ich leiste was – ich leiste mir was!«
> Bert Papenfuß

Während in Westdeutschland überwiegend das dreigliedrige Schulsystem fortbesteht, stärkt die DDR gezielt den gemeinschaftlichen Bildungsweg aller Schüler. Nach einer grundlegenden Reform des Schulwesens durchlaufen die Schüler die zehnklassige Polytechnische Oberschule. Dem Wertbegriff der Arbeit verpflichtet, ist die Schulbildung stärker als im Westen auf technisch-praktische Fertigkeiten ausgelegt; Besuche und Einsätze in Betrieben oder in Landwirtschaftlichen Produktionsgenossenschaften gehören dazu. Jede Schulklasse hat eine »Patenbrigade«. Die Erweiterte Oberschule (EOS), ausgerichtet auf wissenschaftlich-praktische Arbeit, führt dann zum Abitur.

Tatsächlich gelingt es dem Schulsystem der DDR, für eine gute Bildung unabhängig von der sozialen Herkunft zu sorgen und Bildungskarrieren sozial gerechter zu machen. Aber die Schulen sind zugleich die wichtigsten Instanzen zur Durchsetzung der Ideologie des Staates. Hier sollen die jungen Menschen zu sozialistischen Persönlichkeiten herangezogen werden, fest verwurzelt in den Lehren des Marxismus-Leninismus und dem Staat und seiner führenden Partei treu ergeben. Dazu gehört auch von Jugend an das Einüben militärischen Denkens und Handelns. Seit 1978 wird als Vorbereitung auf die »Landesverteidigung« ab der neunten Klasse ein obligatorischer Wehrkundeunterricht in den Schulen eingeführt. Dass das Bildungssystem ideologisch auf Linie bleibt, dafür sorgt als Ministerin für Volksbildung bis 1989 die »Eiserne Lady« der DDR, Margot Honecker.

»Jeans sind eine Einstellung«

Das Stück *Die neuen Leiden des jungen W.* von Ulrich Plenzdorf kommt 1972 auf die Bühne, später auch in die Kinosäle, und es macht in der DDR Furore. Sein Protagonist ist kein Held der Arbeit, im Gegenteil. Er ist ein junger Aussteiger und sein Fetisch sind »Niethosen«, präziser: Jeans aus dem Westen. Dass das Stück überhaupt erscheinen kann, spricht von der innenpolitischen Klimaveränderung nach dem Wechsel von Ulbricht zu Honecker. Es geht jetzt ein wenig liberaler zu als in den 60er-Jahren nach dem berüchtigten »Parteitag des Kahlschlags«. Nun, wenige Jahre später, ist nicht mehr alles, was aus dem Westen kommt, des Teufels. Vor allem Jugendliche dürfen ihre Individualität stärker ausleben und gewinnen Freiräume in Bezug auf Mode und Freizeitgestaltung.

Die Haare werden länger und Import-Jeans, für kostbare Devisen in Intershopläden gekauft oder von Verwandten im Westen besorgt, sind Kult. Auch die Textilbetriebe der DDR müssen sich auf die neue Vielfalt einstellen und produzieren eigene Jeans-Marken und jugendliche Modekollektionen, die sich die Trends des Westens zum Vorbild nehmen, auch wenn sie nicht wirklich konkurrenzfähig sind. Jeans sind keine Hosen, so sagt der junge Aussteiger im Stück von Plenzdorf, sondern eine Einstellung. Sie stehen für eine eigene Jugendkultur und für das Recht auf Individualität. Der Staat lässt dieser Individualität Raum, auch unter dem Dach der FDJ, soweit sie systemkonform bleibt und keine politische Brisanz bekommt.

Vorbehalte und Schranken fallen auch in der Musik. Mit den »Puhdys« oder »Karat« erobert der Rock die DDR, während Schallplatten mit westlichen Rock- und Popstars – mit Ausnahme der begehrten Lizenzpressungen – angesichts knapper Devisen nur selten zu haben sind. Aber es gibt ja neben dem Jugendsender DT64 das Westfernsehen und den Westrundfunk, mit denen die DDR-Jugend sich musikalisch auf dem Laufenden hält.

Eine Ahnung davon, wie vielfältig die Jugendkultur in der DDR ist, vermitteln 1973 die Weltjugendfestspiele in Ostberlin. Vor einem internationalen Publikum gibt sich der Staat weltläufig und liberal und lässt viele Blumen blühen, die er zuvor zertreten hätte. Wie widersprüchlich auf der anderen Seite die offizielle Kulturpolitik agiert und wie präsent die Zensur stets ist, das zeigt zum Beispiel zwei Jahre später das Verbot der populären Klaus Renft Combo.

Wir schalten um in den Westen

Abends vor dem Fernseher kommen die Deutschen Ost und die Deutschen West wieder zusammen. Die Mauer trennt, aber der Äther vereint. Über westliche Rundfunk- und Fernsehprogramme begeben sich die Bürger der DDR virtuell auf die andere Seite der Mauer. Sie erhalten Informationen, die der offiziellen Nachrichtenlage der DDR widersprechen. Werbespots vermitteln ihnen ein buntes Bild der westdeutschen Konsumgesellschaft, das sicherlich verzerrt ist, aber zum Vergleich einlädt. Was ihnen von den eigenen Medien vorenthalten wird, Musik und Mode, Filme, US-Serien und Sportereignisse, das finden sie hier. Das Westfernsehen ist in den Jahrzehnten der Teilung eine große einheitsstiftende Macht.

Alle Versuche des SED-Regimes, den Empfang von Westfernsehen zu unterbinden, scheitern. Technische Vorkehrungen wie die Einrichtung von Störsendern bleiben ebenso wirkungslos wie Drohgebärden und die wiederholten Appelle, sich nicht von der Stimme des politischen Gegners indoktrinieren zu lassen. Unter Honecker wird dann der Kampf gegen den Westempfang faktisch eingestellt. Er war ohnehin nicht zu gewinnen: Auch SED-Anhänger schalten regelmäßig auf die Sendungen aus der Bundesrepublik um. Die Quote wird nur ein wenig gedrückt durch die weißen Flecken auf der Landkarte der DDR, wo man die Westsender nicht empfangen kann, im »Tal der Ahnungslosen« bei Dresden oder in einigen Küstenregionen an der Ostsee.

Im Kampf um den Äther bleibt schließlich Karl-Eduard von Schnitzler die letzte Waffe des Regimes. Seine Sendung *Der Schwarze Kanal* gibt den giftigen Gegenkommentar zu den Informationen, die seine Landsleute jeden Abend aus dem Westen beziehen.

Der Mann fürs Grobe stellt Ausschnitte aus dem Westfernsehen zusammen und kommentiert sie mit ätzender Kritik am kapitalistischen Weststaat. 29 Jahre lang, bis 1989, füllt er die Rolle des Kettenhunds im Kalten Krieg aus.

Wandel durch Annäherung

Die deutsche Frage ist seit dem Mauerbau auf Eis gelegt. Dann aber kommt Bewegung in das deutsch-deutsche Verhältnis. In Bonn übernimmt 1969 eine sozialliberale Koalition die Regierung, und Willy Brandt wird Kanzler. Brandt war als Regierender Bürgermeister von Berlin zur Zeit des Mauerbaus unmittelbar mit den Folgen des Kalten Krieges konfrontiert und zieht daraus auf mutige Weise Konsequenzen. Er will das Verhältnis der Bundesrepublik zum Ostblock und auch zum anderen deutschen Staat normalisieren und setzt auf »Wandel durch Annäherung«. Schon im geteilten Berlin hat Brandt die Passierscheinabkommen mit ausgehandelt, die Westberlinern seit 1964 den Besuch im Osten ermöglichen. Seine Politik der Entspannung soll zu humanitären Verbesserungen im innerdeutschen Verhältnis führen und Europa sicherer machen.

In Ostberlin gehört Erich Honecker zunächst zur Betonfraktion, die die neue Bonner Ostpolitik ablehnend als »Aggression auf Filzlatschen« denunziert. Erst als sich die Sowjetunion nach einigem Zögern auf das Gesprächsangebot aus dem Westen einlässt, folgt ihr als treuer Vasall auch die DDR-Führung.

Was die westdeutsche Regierung anbietet – gegen erbitterten Widerstand im eigenen Land –, ist die Anerkennung der Unverletzlichkeit aller Grenzen in Europa, und damit auch die faktische Anerkennung der territorialen Folgen des Zweiten Weltkriegs: der Oder-Neiße-Linie als polnischer Westgrenze und der Staatsgrenzen der DDR. Nicht aufgegeben wird dabei der Anspruch auf Wiedervereinigung der beiden deutschen Staaten. In einer Reihe von Verträgen werden diese Grundsätze in den Jahren 1970 bis 1972 ratifiziert. Zu einer völkerrechtlichen Anerkennung der DDR durch die Bundesrepublik kommt es nicht, aber man vereinbart in einem »Grundlagenvertrag« neben umfassenden Neuregelungen zum Grenz- und Postverkehr die Einrichtung »Ständiger Vertretungen« in Bonn und Ostberlin.

> **Nach einem weiteren kulturpolitischen Schlenker begannen sich die DDR-Offiziellen für die subtil und infiltrierbar gewordene Musik zu interessieren. Rundfunkanstalten machten Mitschnitte von Konzerten und förderten bzw. forderten Eigenkompositionen mit deutschen Texten.**
> Bert Papenfuß

Unerwünschte Nähe

Mit dem Vertragswerk zwischen DDR und Bundesrepublik ist die Tür aufgestoßen zu einer neuen Gesprächskultur zwischen den beiden deutschen Staaten und zu einem geregelten Umgang miteinander: Die Kalten Krieger kommen aus ihren Schützengräben. Wenn auch der Systemkonflikt fortbesteht, gibt es doch bedeutende humanitäre Verbesserungen. Die Menschen in beiden Teilen Deutschlands kommen sich wieder näher, Reisen Richtung Osten nehmen zu, und Rentner aus der DDR können jetzt auch den Westen besuchen.

Umso stärker betont die DDR-Führung das Trennende. Wo die Feindbilder sich bei den Menschen allmählich verflüchtigen, muss jeder Gedanke an eine gesamtdeutsche Zukunft ausgeschlossen werden. Daher wird der Text der Nationalhymne »Auferstanden aus Ruinen« nicht mehr gesungen, enthält sie doch den Vers »Deutschland, einig Vaterland«. In der neuen Verfassung wird die Titulierung der DDR als »sozialistischer Staat deutscher

Nation« getilgt. Aus dem »Deutschlandsender« wird die »Stimme der DDR«. Eine deutsche Nation, sei sie auch in zwei Staaten organisiert, gibt es für den SED-Staat – anders als für die Bundesrepublik – zu diesem Zeitpunkt nicht mehr.

> Auferstanden aus Ruinen
> Und der Zukunft zugewandt,
> Lass uns dir zum Guten dienen,
> Deutschland, einig Vaterland. «
> Johannes R. Becher

Als Staat erhält die DDR nach Abschluss des Grundlagenvertrags umfassende neue Handlungsspielräume. Die Hallstein-Doktrin, mit der die Bundesrepublik die diplomatische Anerkennung der DDR durch die meisten Staaten verhindert hatte, ist jetzt Geschichte. Die DDR kann mit fast allen Staaten volle diplomatische Beziehungen aufnehmen, und 1973 wird sie gemeinsam mit der Bundesrepublik Mitglied der UNO. Fast 25 Jahre hat es gedauert, bis dem zweiten deutschen Staat der internationale Durchbruch gelingt.

Beginn einer bleiernen Zeit

Mit den Hoffnungen der ersten Jahre der »Ära Honecker« ist es bereits 1976 zu Ende. Das Jahr bringt zwar keine wirtschaftliche oder außenpolitische Zäsur, aber einen tiefen kulturpolitischen Bruch, der zu Sedimentverschiebungen im inneren Gefüge der DDR führt.

Am 16. November 1976 wird der Liedermacher Wolf Biermann, der sich gerade auf einer Konzerttournee durch die Bundesrepublik befindet, aus der DDR ausgebürgert. Die Staatsmacht entledigt sich damit eines unbequemen Querdenkers, der als junger Mann aus freien Stücken von Hamburg in die DDR gewechselt war. Hier wird er zum Kritiker des SED-Regimes und bleibt doch überzeugt, im besseren Deutschland zu leben: »Ich möchte am liebsten weg sein / Und bleibe am liebsten hier.« Seine Lieder sind als staatsfeindlich verboten, schon lange konnte er sie nur im Westen Deutschlands veröffentlichen.

Als Biermann seine Staatsbürgerschaft verliert, hat er in der DDR seit elf Jahren Auftrittsverbot. Nur wenige Menschen kennen ihn dort. Und doch kommt es zu einer einzigartigen Protestwelle, die große Teile des ostdeutschen Kulturlebens erfasst. Prominente Schriftsteller und Künstler, die dem sozialistischen Staat bislang loyal verbunden sind, verfassen einen öffentlichen Protestbrief, unter anderem Christa Wolf, Stephan Hermlin, Stefan Heym und Heiner Müller. 93 andere Künstler solidarisieren sich. Staat und Partei reagieren wie gewohnt mit Härte und Repression. Wer nicht prominent ist, wird aus dem staatlichen Schriftstellerverband oder der SED ausgeschlossen und mit Auftrittsverbot belegt. Viele verlassen daraufhin resignierend das Land, dem sie lange die Treue gehalten haben und in dem sie sich jetzt heimatlos fühlen: die Schriftsteller Sarah Kirsch und Jurek Becker, die

Schauspieler Manfred Krug, Armin Mueller-Stahl, Angelica Domröse, Eva-Maria Hagen, deren Tochter, die später im Westen ausgesprochen erfolgreiche Rockmusikerin Nina Hagen, und viele andere.

Bei den Zurückbleibenden machen sich Zweifel und Entfremdung breit. Partei und Staatsmacht haben sich borniert und nicht lernfähig gezeigt – auch unter Honecker kommen nur die alten Instrumente der Zensur und der Repression zum Einsatz. Die DDR macht keine Hoffnung mehr auf eine andere, bessere Zukunft, auf die Rückbesinnung zum Ideal eines humanen Sozialismus. Es beginnt eine bleierne Zeit.

> »Ich möchte am liebsten weg sein
> Und bleibe am liebsten hier.«
> Wolf Biermann

Die DDR in den Sechziger- und Siebzigerjahren

Industrieller Aufbau und relativ hoher Lebensstandard machen die DDR in ihren mittleren Lebensjahren zum Musterland der östlichen Wirtschaftsgemeinschaft.

Noch lassen die hoch aufragenden modernen Produktionsanlagen des Werks Leuna II für Petrochemie, aufgenommen im August 1973, nichts ahnen von späterem Verfall und verheerenden Umweltbelastungen (Bild links). Etwa 30 000 Menschen arbeiten damals in den Leunawerken südlich von Halle.

Der Grauschleier scheint weggezogen, als 1974 in Rostock die Gäste zur 17. Ostseewoche begrüßt werden (Bild rechts). Man feiert auch den 25. Jahrestag der DDR, daher der üppige Fahnenschmuck.

Die DDR in den Sechziger- und Siebzigerjahren

Wer das hochgerüstete Bollwerk der Mauer überwinden will, um in den Westen zu fliehen, setzt sein Leben aufs Spiel. Besonders grausam trifft es Peter Fechter. Er versucht am 17. August 1962 zusammen mit einem Freund am Grenzübergang Checkpoint Charlie in Berlin die Flucht. Von mehreren Schüssen der Grenzsoldaten getroffen, liegt er mehr als eine Stunde ohne Hilfeleistung im Todesstreifen und verblutet (Bild links).

Am 12. Mai 1963 scheitert der Versuch von Ostberlinern, mit einem Bus den Mauerübergang an der Sandkrugbrücke zu durchbrechen. Das Fahrzeug bleibt kurz vor dem Schlagbaum stecken. Die Grenzpolizei hat offenbar schon hundert Meter vor der Grenze das Feuer eröffnet. In dem Bus sollen sich zwölf Menschen zwischen 20 und 28 Jahren befunden haben (Bild rechts).

》 Ein großes Heftpflaster überklebte sein Kinn – aber sonst war es zum Glück Günter. Sein Gesicht in der Strenge der Toten, abweisend – aber mein Bruder. Ich legte einen kleinen Strauß Blumen in seine Hände. 《

Jürgen Litfin (Bruder des ersten Maueropfers Günter Litfin)

Ende 1963 handelt der Westberliner Senat unter Willy Brandt mit dem Osten ein Passierscheinabkommen aus. Im Herbst und zu Weihnachten 1964 dürfen zum ersten Mal seit dem Mauerbau wieder Westberliner Bürger ihre Verwandten im Ostteil der Stadt besuchen. Im Bild (links) sind sie mit ihren Taschen voller Geschenke auf dem Weg zu einer der Übergangsstellen, der Oberbaumbrücke.

Die Staatssicherheit breitet sich mit ihrem Spitzelsystem flächendeckend aus und sammelt Informationen über Millionen von Bürgern. Die Aufnahme (rechts) vom Januar 1992 zeigt einen Blick in die Aktenregale des Stasi-Archivs.

Die DDR in den Sechziger- und Siebzigerjahren

Als könnten sie die Welt aus den Angeln heben! Zumindest der siebenköpfigen Zimmermannsbrigade aus dem Film *Spur der Steine* traut man das zu, während die Rockerpose der Berliner Band City eher brav anmutet.

Der Film von Frank Beyer, der 1966 mit Manfred Krug als Hauptdarsteller (Bild links, Mitte) in die DDR-Kinos kommt, ist durchaus systemkonform. Er zeigt aber den Alltag des realen Sozialismus ziemlich ungeschönt, mit korrupten Bauleitern, Saufgelagen und Prügeleien. Gerade deshalb wird der Film ein großer Publikumserfolg, gerade deshalb zieht ihn die Zensurbehörde nach drei Tagen aus den Kinos zurück.

Die Band City mit Sänger Toni Krahl (Bild rechts, links) hat mit solchen Problemen nicht zu kämpfen. Sie ist vom Staatsapparat gelitten. Mit ihrem Titel *Am Fenster* begeistert sie 1977 nicht nur die DDR-Jugend, sondern schafft auch im Westen den Durchbruch.

>> Einmal fassen tief im Blute fühlen
dies ist mein und es ist nur durch Dich
nicht die Stirne mehr am Fenster kühlen
dran ein Nebel schwer vorüberstrich <<
City

Die DDR in den Sechziger- und Siebzigerjahren

Wenn Freiheitsbewegungen in der Dritten Welt gegen die »imperialistische Macht« der USA kämpfen, steht die DDR an ihrer Seite. Während des Vietnamkrieges unterstützt die DDR Nordvietnam nicht nur durch Waffen, sondern ermöglicht vielen Vietnamesen auch eine Berufsausbildung. Das Bild links zeigt junge Arbeiter aus Vietnam im Januar 1970 im VEB Messelektronik »Otto Schön« in Dresden.

Als am 21. August 1968 die Truppen des Warschauer Paktes den kurzen »Prager Frühling« brutal beenden, marschieren zwar keine deutschen Soldaten in Prag ein, aber die NVA ist mobilisiert und wartet auf ihren Einsatz, wie das Titelbild der Zeitung *Volksarmee* des DDR-Verteidigungsministeriums am 29. August 1968 (Bild rechts) zeigt.

>> Der Prager Frühling wirkte auf mich wie eine frische Blüte im faulen Pfuhl des Kalten Krieges zwischen Kommunismus und Kapitalismus. <<
Udo Wanke-Kreh

Die DDR in den Sechziger- und Siebzigerjahren

Rot ist nicht nur die Fahne der Arbeiterbewegung und der Revolution. Rot ist eine Signalfarbe, die sich auch in der DDR ganz unpolitisch aufladen kann. Hier verstärkt sie die Wirkung eines Werbefotos für Jeans der DDR-Marke Wisent aus dem Jahr 1973 (Bild links). Die rote Drapierung auf dem Foto (rechts) ist dann wieder ganz dem Politischen verhaftet: In Wittenberg, Bezirk Halle, werden am 5. Dezember 1979 sowjetische Panzereinheiten offiziell verabschiedet.

Die DDR in den Sechziger- und Siebzigerjahren

Neben dem Ampelmännchen ist es noch einem zweiten kleinen Mann aus DDR-Zeiten gelungen, unsere Herzen zu gewinnen: dem Sandmännchen (Bild links). Sein Dienstantritt im DDR-Fernsehen war am 22. November 1959. Es hat mit seinen »Gute-Nacht-Geschichten« die DDR überlebt.

Eine andere Art von Gute-Nacht-Geschichten erzählte Karl-Eduard von Schnitzler in seiner Sendung *Der schwarze Kanal*. Montagabends wettert der Chefkommentator des DDR-Fernsehens gegen die »Lügen« des westlichen Fernsehens. In der 1519. Sendung am 31. Oktober 1989 (Bild rechts) muss er vor den politischen Umwälzungen kapitulieren und nimmt seinen Abschied.

Die DDR in den Sechziger- und Siebzigerjahren

Die Ostpolitik der neuen Bundesregierung unter Willy Brandt macht es möglich, dass das deutsch-deutsche Verhältnis 1970 nach langer Eiszeit auf eine neue Basis gestellt wird.

Zu einem ersten Gespräch treffen DDR-Ministerratspräsident Willi Stoph und Bundeskanzler Willy Brandt am 19. und 20. März 1970 im thüringischen Erfurt zusammen (links oben). Der Versammlungsort wird von einer großen Menschenmenge umlagert. Als Brandt am Fenster erscheint (Bild rechts), jubeln ihm die Menschen minutenlang zu. Der »Grundlagenvertrag« zwischen beiden deutschen Staaten wird nach harten innenpolitischen Auseinandersetzungen in der Bundesrepublik am 21. Dezember 1972 unterzeichnet. Im Ostberliner Ministerratsgebäude stellen sich nach der Unterzeichnung die beiden federführenden Staatssekretäre Egon Bahr (Bild links unten, am Tisch links) und Michael Kohl (rechts) den Fragen der Presse.

Die DDR in den Sechziger- und Siebzigerjahren

Frauen wie diese Anlagenfahrerinnen bei den Leunawerken im Jahr 1973 spielen ganz selbstverständlich eine Rolle im Arbeitsleben der DDR (Bild links).

Ebenso selbstbewusst wirken diese FDJler 1968 als freiwillige Bauhelfer am Prestigeprojekt ihres Staates (Bild rechts). Das Zentrum Ostberlins soll als Hauptstadt der DDR ein »sozialistisches Antlitz« bekommen. Links sieht man das neue Hochhaus-Hotel Stadt Berlin (später Forum-Hotel) am Alexanderplatz, in der Mitte den Rohbau des Centrum-Warenhauses und im Hintergrund das neue Wahrzeichen Berlins, den Fernsehturm.

Die DDR in den Sechziger- und Siebzigerjahren

» Wenn auf meinem Grabstein eines Tages nur
Hamburg 74 steht, weiß jeder, wer darunter liegt. «
Jürgen Sparwasser

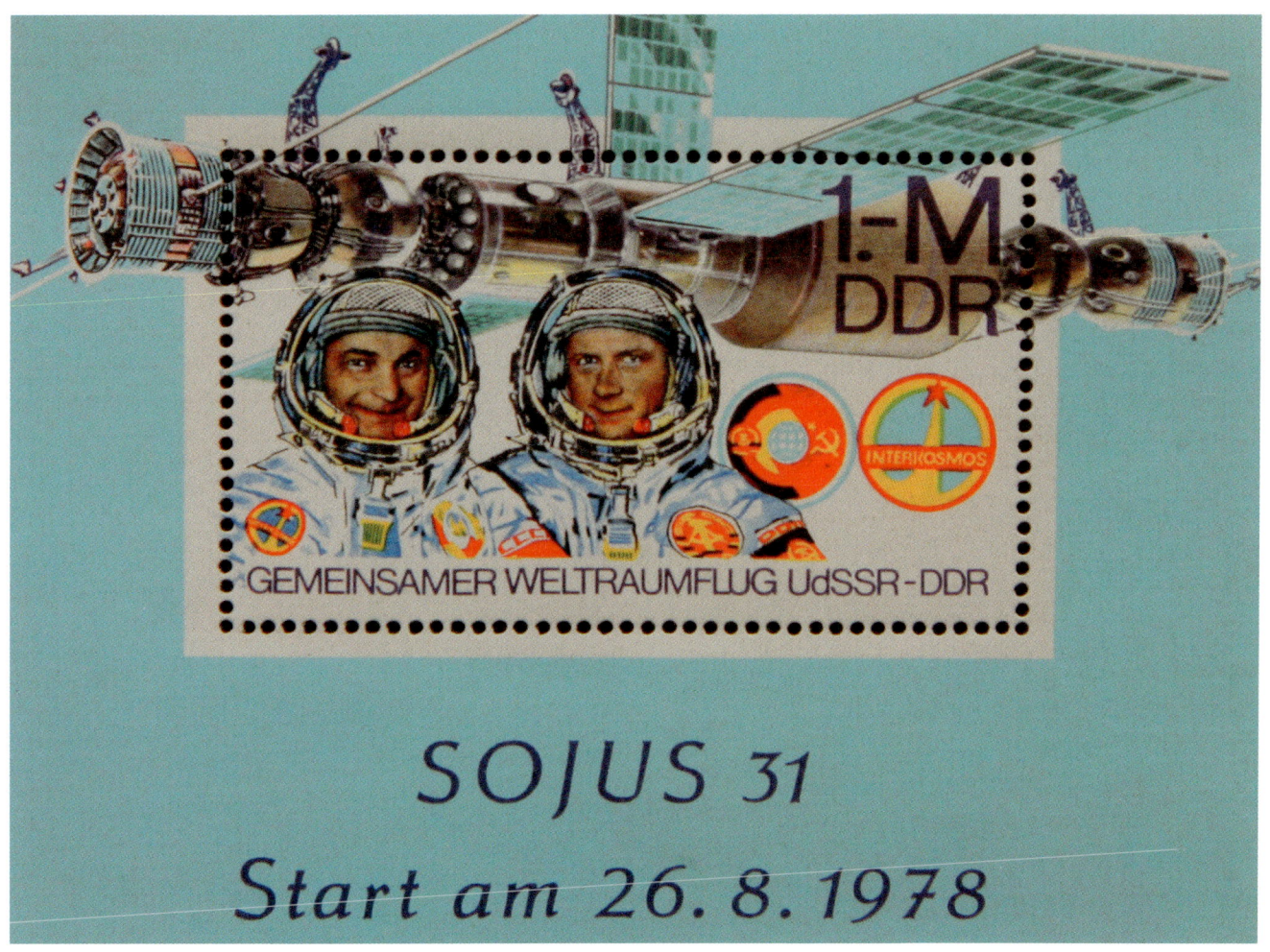

Der wirtschaftliche Wettstreit mit der BRD ist für die DDR nicht zu gewinnen. Aber es gibt symbolische Erfolge.

Während der Fußballweltmeisterschaft 1974 treffen die beiden deutschen Mannschaften am 22. Juni im Hamburger Volksparkstadion aufeinander. Legendär wird Jürgen Sparwassers (links) Tor für die DDR zum 1:0-Sieg. Auf den Knien blickt Torhüter Sepp Maier fassungslos dem Ball hinterher.

Auch beim Weg ins Weltall hat die DDR die Nase vorn. Der erste Deutsche im Orbit heißt Sigmund Jähn und ist Offizier bei der NVA. Eine Sonderbriefmarke (Bild rechts) zeigt ihn zusammen mit seinem sowjetischen Kollegen als Kosmonauten. Am 26. August 1978 starten beide mit dem sowjetischen Raumschiff Sojus 31 in den Weltraum und koppeln für eine Woche an die Raumstation Saljut 6 an.

Die DDR in den Sechziger- und Siebzigerjahren

Eine moderne Küche der 70er-Jahre ist auch in der DDR kunststoffbeschichtet, pflegeleicht und praktisch. Das Politische bleibt aus solchen privaten Gehäusen ausgesperrt (Bild links).

Wo der Alltag politisch dekoriert wird, ist der Biedersinn oft frappant. Die Schaufensterauslage eines Delikat-Ladens kombiniert Weinbrand-Flaschen der Marke Superb mit Spitzendeckchen und Honecker-Porträt. Die Festtagsdekoration feiert den 1. Mai und die Woche der deutsch-sowjetischen Freundschaft (Bild rechts).

Die DDR in den Sechziger- und Siebzigerjahren

Schon Jugendliche erhalten eine Ausbildung an der Waffe. Dennoch bleibt am Ende ein Überschuss an Individualität, den Jugendliche in der DDR nicht anders auszuleben suchen als im Westen.

Bei einem Pioniertreffen 1982 in Bautzen zeigen Thälmann-Pioniere bei einem Fahnenappell den Pioniergruß (Bild links). Die Parole lautet: »Für Frieden und Sozialismus: Seid bereit« – »Immer bereit«.

Schüler der 11. Klasse absolvieren im August 1969 in einem Lager der Gesellschaft für Sport und Technik auf der Insel Rügen eine obligatorische dreiwöchige vormilitärische Ausbildung (Bild rechts oben).

Jugendliche amüsieren sich 1972 in der Diskothek »HOG am Zwinger« in Dresden. Am Plattenteller wartet schon eine Scheibe der westlichen Pop-Ikone Tom Jones (Bild rechts unten).

Die DDR in den Sechziger- und Siebzigerjahren

Gehversuche auf unbekanntem Parkett: Der Gruppe FDJ-Mitglieder, aufgenommen in Cottbus 1972 (Bild links) fällt es nicht leicht, zu einer entspannteren Körpersprache zu finden. Dem Staatsratsvorsitzenden Erich Honecker scheint es fast besser zu gelingen (Bild rechts). Honecker hat an diesem Abend des 23. April 1976 allerdings auch allen Grund, sich ungewohnt leutselig, ja ausgelassen zu geben. Man feiert die Eröffnung des »Palastes der Republik«. Das Vorzeigeprojekt am Ort des alten Hohenzollernschlosses in der Mitte Berlins wird nicht nur zum neuen Sitz der Volkskammer, sondern auch zu einem populären Freizeitzentrum der DDR-Bürger. Honecker ist sichtlich beglückt und bewegt sich mit seiner unbekannten Tanzpartnerin für einen kurzen Augenblick losgelöst im Raum.

Die DDR in den Sechziger- und Siebzigerjahren

In den 70er-Jahren will sich die DDR vom Image befreien, ein grauer, freudloser Ostblockstaat zu sein. Gelegenheit dazu gibt es bei den X. Weltfestspielen der Jugend und Studenten vom 28. Juli bis 5. August 1973 in Berlin. Auf dem Alexanderplatz treffen Teilnehmer aus aller Welt zusammen, machen Musik, tanzen und feiern spontane Partys. Die Stasi sieht zu und lässt es geschehen (Bild rechts).

Lockerungsübungen ganz anderer Art werden im 1984 neu erbauten Revuetheater Friedrichstadtpalast in der Berliner Friedrichstraße gezeigt. Viel nackte Haut »auf Weltniveau«, wie es im DDR-Jargon gerne heißt, zeigen die Tänzer Kristina Merkel und Rainer Genss bei ihren Auftritten vor VEB-Betriebsgruppen auf Hauptstadtbesuch (Bild links).

Die DDR in den Sechziger- und Siebzigerjahren

Auch der kulturelle Offenbarungseid der Regierung lässt Anna Seghers (1900–1983), die große alte Dame der DDR-Literatur, die einst weltberühmt wurde durch ihren Roman *Das siebte Kreuz,* nicht irre werden an ihrer unbedingten Treue zur sozialistischen Staatsmacht. Als die DDR-Regierung am 16. November 1976 den kritischen Liedermacher Wolf Biermann ausbürgert, gehört die Präsidentin des DDR-Schriftstellerverbandes nicht zur großen Gruppe von Kulturschaffenden, die sich mit Biermann solidarisieren. Im Gegenteil: Sie ruft öffentlich zur Unterstützung der SED-Politik auf. Beim VIII. Schriftstellerkongress der DDR sehen wir sie am 29. Mai 1978 in bestem Einvernehmen mit Erich Honecker (Bild links).

Bei einer Pressekonferenz am 19. November 1976 tritt der ausgebürgerte Wolf Biermann zusammen mit den westdeutschen Autoren Heinrich Böll und Günter Wallraff in Köln auf (Bild rechts). Noch hofft Biermann, dass sich die DDR-Staatsführung eines Besseren besinnt. Diese Hoffnung wird an den zementierten Verhältnissen in der DDR scheitern.

» Ich habe die feste Absicht, in der DDR weiter zu leben. Mein Verhältnis zu diesem Staat ist gekennzeichnet von kritischer Solidarität. «
Wolf Biermann

Ein Land vor dem Kollaps
Die DDR in den Achtzigerjahren

Heute wissen wir, dass die DDR wirtschaftlich bereits Anfang der 80er-Jahre am Ende war. Sie lebt ihr letztes Jahrzehnt auf Pump, von Krediten und Bürgschaften des kapitalistischen Westens. Die Zeichen des Verfalls mehren sich, und dennoch kann die Fassade von relativem Reichtum und politischer Stabilität aufrechterhalten werden. Die DDR scheint als zweiter deutscher Staat vollständig etabliert und ist doch bereits wenige Jahre später am Ende. Was verursacht die krisenhafte wirtschaftliche Entwicklung der DDR in ihrem letzten Jahrzehnt? Wie äußert sich ihr innerer Verfall, und wie erleben ihn die Bürger?

Die Wirtschaft auf schiefer Bahn

Lange Zeit sonnt sich die DDR in der Vorstellung, zum Club der leistungsstärksten Industrienationen der Welt zu gehören. Die Höhe des Bruttoinlandprodukts scheint das zu bestätigen. Doch hinter der Fassade einer dynamischen Volkswirtschaft brennt es längst lichterloh, und der verzehrende Brand droht Anfang der 80er-Jahre das ganze Haus zum Einsturz zu bringen. Es ist aber vorerst noch die stabile Fassade, die von den Menschen der DDR und von deren westlichen Handelspartnern wahrgenommen wird.

Das Krankheitsbild der DDR-Wirtschaft hat mannigfache Symptome. Dazu gehören die Folgen des starren Plansystems mit Liefer- und Versorgungsengpässen, mit fehlenden Leistungsanreizen und geringer Produktivität und mit riesigen Fehlinvestitionen etwa in die Mikroelektronik, wo die DDR vergeblich um Wettbewerbsfähigkeit kämpft. Es öffnet sich die Schere zwischen einer immer höheren Kaufkraft und dem ungenügenden Angebot an Konsumgütern. Anders als noch in den 70er-Jahren sinkt auch die Qualität der Erzeugnisse, die Wartezeiten aber werden immer länger und steigen zum Beispiel für einen Trabi auf zehn Jahre.

Die Wirtschaft der DDR leidet an einem lebensbedrohlichen Virus: Devisenmangel. Jahrelang hat man Technologie, Rohstoffe und hochwertige Konsumgüter gegen »harte« Währung eingeführt und damit die Grundlagen für den Aufschwung geschaffen. Als Folge ist die Außenhandelsbilanz mit dem Westen extrem negativ, die Schuldenlast der DDR erreicht mit 23 Milliarden DM im Jahr 1981 eine staatsgefährdende Größenordnung.

Große Teile der Konsumgüterindustrie sind mittlerweile zur Werkbank des Westens geworden, damit die DDR an Devisen kommt: Möbel, Kleidung, Kameras (»Praktika«), Motorräder (»MZ«) – all das wird zu niedrigen Preisen in den Westen exportiert. Währenddessen müssen die eigenen Bürger mit schlechteren Qualitäten vorliebnehmen oder selbst mit Devisen zahlen, etwa in den Intershop-Läden.

Letztlich ist die DDR schon Anfang der 80er-Jahre pleite. Was die marode Staatswirtschaft noch einige Jahre künstlich am Leben hält, ist die überraschende Hilfe des Westens und die Arbeit des Devisenbeschaffers und Stasi-Offiziers Alexander Schalck-Golodkowski. Skrupellos verkauft er sogar politische Gefangene gegen ein Kopfgeld in Devisen an den Westen. Ausgerechnet der »Kalte Krieger« Franz Josef Strauß, damals bayerischer Ministerpräsident, fädelt dann zusammen mit Schalck-Golodkowski 1983 und 1984 zwei Milliardenkredite westdeutscher Banken ein, die die DDR vor der Zahlungsunfähigkeit retten. Der ostdeutsche Staat hängt am Tropf der Bundesrepublik.

Ruhe im Land

Auch wenn Zeichen des Verfalls bald überall wahrzunehmen sind, in den Betrieben, in denen sich der Verschleiß der Arbeitsmittel bemerkbar macht, in den Städten, wo Erhaltungsmaßnahmen für Bauten und Straßen ausbleiben: Niemand kann sich einen Bankrott dieses Staates vorstellen. Wie sollte man auch? Im Alltag erfährt zwar jeder beim Schlangestehen die Mängel der Planwirtschaft, aber man weiß doch auch, dass man im Kreis der sozialistischen Staaten den größten Wohlstand genießt. Das Niveau der sozialen Leistungen bleibt relativ hoch, und auch an der staatlichen Preispolitik mit Subventionen für die Verbilligung von Lebensmitteln und Mieten wird nichts geändert – zu groß ist das Trauma des Volksaufstands vom 17. Juni 1953 in der Führungsriege von SED und Staat.

Das heißt nicht, dass die Menschen in der DDR in ihrer Mehrzahl zufrieden wären. Im Gegenteil, es gibt weitverbreiteten Unmut über fehlende Reisefreiheit, über staatliche Überwachung und Gängelung und ebenso über nicht erfüllte Konsumwünsche. Denn es bleibt dabei: Die Bezugsgesellschaft der DDR ist die Bundesrepublik, und der schöne Schein ihrer glitzernden Konsumwelt ist jeden Abend im Westfernsehen vergleichend zu besichtigen.

Am politischen Status quo aber scheint ohnehin nicht zu rütteln zu sein, und so haben sich die meisten Bürger der DDR in dieser Gesellschaft eingerichtet, irgendwo auf der Skala zwischen Zustimmung und Vorbehalt, zwischen Mitmachen und Rückzug ins Private, zwischen Idealismus und Opportunismus. Es gibt viele »Hundertfünfzigprozentige«, die unbeirrt von der historischen Mission dieses sozialistischen Staates überzeugt sind, und es gibt die ganz wenigen, die schon früh in aktiver Opposition stehen. Die große Mehrheit der Menschen aber will vor allem problemfrei ihr Leben führen, unter Nutzung aller Chancen, die die DDR zu bieten hat. Sie gibt dafür dem Kaiser, was des Kaisers ist: Die meisten sind Mitglied in einer der Massenorganisationen der DDR, sie demonstrieren am 1. Mai oder am Staatsfeiertag, sie zeigen sich diesem Staat gegenüber loyal. Allein 2,3 Millionen (von rund 16 Millionen Einwohnern) sind 1986 Mitglied der SED. Was davon politische Überzeugung ist, was Anpassungsbereitschaft oder Nützlichkeitsdenken, ist schwer auszumachen. Dazu kommt, dass das (staatlich gewollte) ehrenamtliche Engagement in Hausgemeinschaften, Elternbeiräten, Volkssolidarität und ähnlichen Organisationen nicht nur ein Disziplinierungsmittel ist, sondern auch zur Identifikation beiträgt.

Und dann gibt es die Gegenwelt der Kleingartenidylle, die Datsche, die für viele zum Refugium für den Rückzug ins Private wird. Ordnung, Ruhe, Sicherheit, Geborgenheit: Das ist das Leitbild, das die DDR ihren Bürgern zur Identifikation anbietet.

Frontstellung im Kalten Krieg

Mag die DDR auch um 1980 wirtschaftlich von der Bundesrepublik abhängen: in der Deutschlandpolitik herrscht Stillstand. Über alle Lager hinweg herrscht der Konsens, dass eine Wiedervereinigung völlig ausgeschlossen ist, solange die Systemkonfrontation in Europa anhält. Wer hätte sich zu diesem Zeitpunkt vorstellen können, dass das sowjetische Imperium in wenigen Jahren wegen seiner inneren Schwäche zugrunde gehen würde?

> » In einer Gesellschaft der Doppelmoral muss es zwei Welten geben. Die private Welt war von der heutigen privaten Welt vielleicht nur darin unterschieden, dass es weniger Ablenkung gab. «
> Stephan Krawczyk

Ohnehin ist im Ost-West-Verhältnis eine neue Eiszeit ausgebrochen. Mit der Stationierung sowjetischer Mittelstreckenraketen in Osteuropa und dem NATO-Doppelbeschluss, mit dem der Westen nachzieht, wird die Rüstungsspirale auf beängstigende Weise weitergedreht. Zugleich planen die USA den »Krieg der Sterne« im Weltraum; die Sowjetunion marschiert in Afghanistan ein; als Reaktion darauf boykottieren zahlreiche westliche Staaten 1980 die Olympischen Spiele in Moskau, die doch als friedliches Welttreffen gedacht waren. Nach einem Jahrzehnt der Entspannungspolitik hebt der Kalte Krieg wieder sein Medusenhaupt – zum letzten Mal.

Gegen den neuen Rüstungswettlauf und den atomaren Overkill bildet sich nicht nur in der Bundesrepublik eine breite Protestbewegung. Auch in der DDR werden Friedensgruppen aktiv, vor allem unter dem Dach der Kirche. Sie wenden sich gegen jede Aufrüstung – nicht nur die westliche – und stellen sich damit in Opposition zur Staatsdoktrin. Denn die besagt, dass die Aufrüstung des Westens Vorbereitung zum Krieg sei, die der sozialistischen Staaten dagegen Dienst am Frieden.

In diesem Klima hat es die Entspannungspolitik zwischen beiden deutschen Staaten schwer. Doch lassen die führenden Politiker und Parteien den innerdeutschen Kontakt nicht abreißen. Beide Seiten wissen, dass Deutschland im Falle eines atomaren Konflikts der Systeme das erste Opfer wäre, beide wollen daher keinesfalls die Brücken abbrechen. So trifft der westdeutsche Kanzler Helmut Schmidt 1981 mit Honecker in der DDR zusammen, sein Nachfolger Helmut Kohl lädt den DDR-Staatsratsvorsitzenden sogar zum Staatsbesuch in die Bundesrepublik ein. Für Erich Honecker geht damit im September 1987 eine lange Reise zu Ende: Er darf sich und seinen Staat als endgültig anerkannt betrachten. Nichts deutet darauf hin, dass dieser Staat nur noch drei Jahre existieren wird.

Ein kleines Land ganz groß

Wenn die DDR wirtschaftlich auch dem Westen hinterherhinkt, auf einem Feld kann sie international auftrumpfen: im Sport. Schon 1955 hatte Walter Ulbricht gefordert, dass sich die Überlegenheit des Sozialismus auch im Sport zeigen müsse.

Grundlage ist der Breitensport. Er wird umfassend gefördert und mit der Jugendpolitik verzahnt. Wer sich als Talent in Sportarten erweist, in denen die DDR international konkurrenzfähig ist, wird in Leistungszentren zum Spitzensportler getrimmt. Seit den 60er-Jahren wird diese sportliche Aufbauarbeit unterstützt durch einen sportmedizinischen Dienst, der bedenkenlos jedes wirksame Präparat zur Leistungssteigerung einsetzt. Die Gesundheit und die körperliche Unversehrtheit der Athleten bleiben dem Ziel einer maximalen Medaillenausbeute untergeordnet. Ohne Skrupel werden selbst Kindern Dopingmittel verabreicht.

> »Eine meisterliche Aktion!«
> Heinz-Florian Oertel
> über das Sparwasser-Tor

Das Plansoll wird absolut erfüllt: Das kleine Land DDR gehört in den 70er- und 80er-Jahren zu den drei führenden Sportnationen, neben den Großmächten Sowjetunion und USA. Bei internationalen Wettkämpfen und Olympischen Spielen stehen Dutzende DDR-Athleten auf Medaillenrängen, ob in der Leichtathletik, dem Schwimmen oder dem Bobsport.

Mit dem Spitzensport gewinnt die DDR nicht nur international an Prestige, sie begeistert damit auch die eigenen Bürger. Die blicken stolz auf ihre Athleten und fiebern mit, wenn Bärbel Eckert im Olympiastadion der Goldmedaille entgegenläuft oder Katarina Witt ihre Pirouetten auf dem Eis dreht. Völlig aus dem Häuschen geraten sie, als bei der Fußball-Weltmeisterschaft 1974 der DDR-Stürmer Jürgen Sparwasser in der 78. Minute das Siegtor gegen den großen Rivalen Bundesrepublik schießt. In der Arena des Sports schafft Erfolg tatsächlich Identifikation.

Wohnen in der Platte

Seit den großen Wohnbauprojekten der 70er-Jahre wohnt man DDR-typisch »in der Platte«. Im Plattenbau werden industriell vorgefertigte, genormte Bauteile verwendet, um effektiv und ohne lange Planungszeiten ein

Maximum an Wohnraum zur Verfügung zu stellen. Überall im Land werden uniforme Wohnblocks und ganze Quartiere aus dem Boden gestampft, zwar in der Regel gut mit sozialen Einrichtungen ausgestattet, aber ohne gewachsenes Umfeld, ohne Grün, ohne hinreichende Verkehrsanbindung. Dennoch empfinden es die meisten als Privileg, eine der »Vollkomfortwohnungen« zu beziehen – oft hat man jahrelang darauf gewartet. Denn anders als die verrotteten, viel zu kleinen Altbauwohnungen sind sie mit Bad und Innentoilette, Zentralheizung und Waschküche ausgestattet.

Gleichzeitig wird die Altbausubstanz in den Städten und Dörfern vernachlässigt. Auch in den historischen Stadtkernen putzt man nur noch einzelne Vorzeigeobjekte heraus. Im letzten Jahrzehnt der DDR reichen die verfügbaren Mittel nicht mehr, um Bauerhaltungsmaßnahmen durchzuführen. Die Fassaden bröckeln, die Bausubstanz verfällt. Altstadtviertel mit jahrhundertealter Geschichte werden zu Ruinen – ein Symbol für den Niedergang.

Vergiftete Umwelt

Mondlandschaften im Braunkohlegebiet der Niederlausitz, tote Wälder durch sauren Regen im Erzgebirge: Der Raubbau an der Natur ist in der DDR augenfällig, aber offiziell kein Thema. Erst unabhängige Umwelt- und Friedensgruppen greifen es in den 80er-Jahren auf. Für die Staatsführung sind ökologische Zielsetzungen nur Hemmschuh der wirtschaftlichen Entwicklung. Die Ökonomie hat grundsätzlich Vorrang vor der Ökologie. Das mag manchen an schwierige Lernprozesse auch im Westen erinnern.

Blauen Himmel sieht man über den Industriegebieten der DDR und in der Umgebung von Kohlekraftwerken nur selten. Seit den 70ern wurde die Energieversorgung auf heimische Braunkohle umgestellt, ohne dass zunächst Emissionsgrenzen eingeführt wurden. Schwefelgelbe Schadstoffwolken vergiften die Luft und den Boden. Messdaten zur Umweltverschmutzung werden unter Verschluss gehalten. Doch gilt die Elbe zeitweise als schmutzigster Fluss Europas, der stark kontaminierte Chemiestandort Bitterfeld wird zum Inbegriff einer Industriepolitik, die keinen Umweltschutz kennt. Durch Emissionen in der Region von Leuna oder durch radioaktive Verstrahlung in der Umgebung des Uranbergwerks Wismut kommt es bei zahlreichen Menschen zu gravierenden gesundheitlichen Problemen.

In ihrem Hunger nach Devisen geht die Staatsführung über Umwelt- und Gesundheitsfragen skrupellos hinweg: In den letzten 15 Jahren ihres Bestehens lagert die DDR Müll aus der Bundesrepublik in eigenen Deponien

> » Häuser werden nicht mehr gebaut, sondern produziert wie eine beliebige Ware, und an die Stelle des Architekten ist der Ingenieur getreten. «
> Brigitte Reimann

Die DDR in den Achtzigerjahren

nahe der innerdeutschen Grenze ein. 1,2 Milliarden DM erwirtschaftet die »Kommerzielle Koordinierung« von Schalck-Golodkowski damit.

Kirche im Sozialismus

Es gibt in der DDR nur eine große Organisation, die nicht vollkommen gleichgeschaltet ist: die Kirche. Die relative Autonomie, die sich die evangelische wie die katholische Kirche bewahren können, hat allerdings zur Bedingung, dass sie sich mit dem Staat arrangieren.

Das fällt den Kirchenleitungen schon deshalb nicht allzu schwer, als die SED mit ihrer Ausrichtung auf den Marxismus-Leninismus zwar eine »Entkirchlichung« der Gesellschaft anstrebt, aber nicht die offene Konfrontation sucht.

Zwischen Autonomie und Anpassung – in diesem Spannungsverhältnis steht vor allem die evangelische Kirche, die in der DDR weitaus mehr Mitglieder hat als die katholische. Im Jahr 1969 beugt sie sich dem Druck der Staatsführung und trennt sich organisatorisch von der gesamtdeutschen Evangelischen Kirche (EKD). Faktisch erkennt sie damit die Zweistaatlichkeit Deutschlands an.

Der neue Bund der Evangelischen Kirchen (BEK) in der DDR geht noch einen Schritt weiter, als er sich 1971 dazu bekennt, »Kirche in der sozialistischen Gesellschaft, nicht neben ihr, nicht gegen sie« zu sein. Diese Standortbestimmung ist vieldeutig und stößt vor allem innerhalb der Gemeinden auf Ablehnung. Aber sie öffnet auch die Tür zum kritischen Dialog mit der Staatsführung und schafft Handlungsräume, in denen später unabhängige Bewegungen Schutz finden.

Der Weg der evangelischen Kirche in der DDR ist eine Gratwanderung. Zwar gilt in der DDR die strikte Trennung zwischen Staat und Kirche, das Beziehungsgeflecht ist jedoch an vielen Stellen undurchsichtig. So wird nach 1989 aufgedeckt, dass die Stasi auch in Kirchenkreisen ihre Vorposten errichtete und sogar hohe Funktionäre als IMs angeworben hat. Problematisch mögen aus heutiger Sicht auch die regelmäßigen vertraulichen Gespräche zwischen Kirchenleitung und Vertretern des Staates und sogar der Staatssicherheit erscheinen. Auf der anderen Seite wird die Kirche zur Anlaufstelle für alle Nicht-Angepassten, von Kriegsdienstverweigerern über Friedens- und Menschenrechtsaktivisten bis zu Umweltschützern. Sie wird auch 1989, im Jahr des Mauerfalls, den Protestbewegungen in Leipzig, Berlin und an vielen anderen Orten der DDR ein Dach bieten. Evangelische Pfarrer gehören dann zu den wichtigsten Sprechern der friedlichen Revolution.

> »Die Kritik, dass Christen entweder dumm oder Feinde sind, die Kritik, dass die Kirche von selber abstirbt, daran hatten wir uns gewöhnt.«
> Johannes Hempel

Keimzellen der Opposition

Es gibt viele Unzufriedene in der DDR, aber nur wenige, die sich für Veränderungen im Land engagieren. Seit den 70er-Jahren breiten sich jedoch oppositionelle Bewegungen stärker aus, und sie lassen sich immer weniger mit den Mitteln staatlicher Repression mundtot machen. Informelle Oppositionsgruppen entstehen als Teil neuer sozialer Bewegungen. Kristallisationspunkte sind die aktuellen Themen der Zeit: Umweltverschmutzung, Aufrüstung, Menschen- und Bürgerrechte. Großen Zuspruch, nicht zuletzt unter Jugendlichen, erhält vor allem die unabhängige Friedensbewegung mit ihrer Parole »Schwerter zu Pflugscharen«. Ihr Emblem, vom Staat verboten, bleibt noch jahrelang das Erkennungszeichen der Opposition.

> » Ich hatte überhaupt nie eine Nische. Ich stand als Pfarrer immer auch in der Auseinandersetzung mit dem Staat. Und schon von Kind an war das so, denn ich bin Pfarrerskind, da kann man sich nicht verstecken. «
> Christian Führer

Die meisten dieser Gruppen und Gesprächskreise werden unter dem Dach der Kirche tätig und profitieren von ihrem – wenn auch begrenzten – Schutz. Auch innerhalb der evangelischen Kirche politisieren sich viele. Es entwickeln sich Netzwerke über die ganze DDR und auch über die Grenzen hinweg. So gut wie niemand steht in Fundamentalopposition zum bestehenden Staat. Es geht um Reformen, um einen neuen Anlauf auf dem Weg zu einem »besseren« Land. Doch nicht zu übersehen ist auch, dass es eine verschwindende Minderheit ist, die hier aktiv wird.

Ein zweiter Kristallisationspunkt für Nonkonformismus ist die kulturelle Szene. Hier hat es nach der Ausbürgerung Wolf Biermanns einen großen Aderlass gegeben. Doch in den großen Städten der DDR, vor allem in Berlin, lebt eine nicht angepasste, sehr bunte literarische und musikalische Szene fort und experimentiert mit alternativen Ausdrucksformen. Man kommt zusammen in Treffpunkten wie dem Café Burger in Berlin, dem Corso in Leipzig, dem Anger-Eck in Erfurt.

Für die Staatsmacht sind diese vielfältigen informellen Gruppen nichts anderes als »feindlich-negative Kräfte«. Als solche werden sie gezielt überwacht und bekämpft. Die Methoden reichen von der Infiltration durch IMs der Stasi und der »Zersetzung« durch Einschüchterung und psychischen Terror über Verbote und Haftstrafen bis zur Ausbürgerung und zur »freiwilligen«, in Wahrheit erzwungenen Ausreise nach Westdeutschland. Das zeigt Wirkung, kann aber die »Graswurzelbewegung« der Bürgerrechtler, Umweltaktivisten und Nicht-Angepassten nicht zerstören. Diese gewinnt neue Dynamik, als die Reformpolitik Gorbatschows die Hoffnung nährt, dass auch in der DDR grundlegende Veränderungen möglich sind. Im Jahr des Mauerfalls wird sich zeigen, dass die kleinen Netzwerke unabhängiger

Basisgruppen den Boden bereitet haben für die friedliche Revolution.

Die »Bürger mit Antrag« könnte man als »Trittbrettfahrer der Opposition« bezeichnen. Sie suchen Unterstützung bei Bürgerrechtsgruppen oder bei der Kirche, um ihrem Antrag auf Ausreise aus der DDR Nachdruck zu verleihen. Nicht überall bei der politischen Opposition sind sie gern gesehen; ihnen wird vorgeworfen, dass sie keine Reform der DDR-Gesellschaft verfolgen, sondern dieses Land zugunsten der westlichen Wohlstandsgesellschaft längst abgewählt haben. In der Regel sind es keine politischen Dissidenten, die in den 80er-Jahren vermehrt einen Antrag auf Ausbürgerung stellen, sondern unauffällige »Normalbürger«, Arbeiter, Wissenschaftler und Ingenieure. Sie wollen der DDR den Rücken kehren, um sich eine neue persönliche Perspektive im Westen zu eröffnen.

> »Ich dachte: Die sind bekloppt! Die sollen hierbleiben und hier gegen das System kämpfen!«
> Friedrich Schorlemmer

Für ihren Antrag müssen sie einiges in Kauf nehmen: Sie warten oft jahrelang auf einen positiven Bescheid, verlieren ihren Arbeitsplatz und werden von Kollegen und Nachbarn gemieden. Und obwohl sie nicht unbedingt zur politischen Opposition gehören, sind es die vielen Ausreisewilligen, die im Sommer 1989 mit der Massenflucht in die bundesrepublikanischen Botschaften in Prag und Budapest das Ende der DDR einläuten.

Wenn der Nachbar neu tapeziert

Mitte der 80er-Jahre kommt in Moskau plötzlich alles in Bewegung. Der Druck der innen- und außenpolitischen Probleme der Sowjetunion ist in vielen Jahren einer verknöcherten Parteiherrschaft in einem solchen Maße angewachsen, dass nur noch radikale Reformen dem kränkelnden Riesen helfen können. Mit Michail Gorbatschow wird 1985 ein mutiger Reformer zum Partei- und Staatschef gewählt. Sein Ziel ist die Modernisierung der sowjetischen Gesellschaft und eine Revision der Bündnisbeziehungen. Unter den griffigen Parolen »Glasnost« (Offenheit) und »Perestroika« (Umgestaltung) versucht er eine »Revolution von oben«, die mit zentralen Maximen des totalitären Staatssozialismus bricht. An die Stelle von Denkverboten treten jetzt Meinungsfreiheit und Kampf der Ideen, gesellschaftliche Probleme sollen offen benannt und erörtert werden. Die Breschnew-Doktrin wird verabschiedet und damit jeder »Bruderpartei« und jedem osteuropäischen Staat die Freiheit gegeben, selbst über den eigenen Weg zu bestimmen. Nach 40 Jahren dankt die Sowjetunion als Hegemonialmacht freiwillig ab und entlässt ihre Satellitenstaaten in die Autonomie.

Die Führung der DDR ist in höchstem Maße alarmiert durch die radikale Therapie, die Gorbatschow seinem Land verordnet. Starr hält sie an der bestehenden Ordnung fest und bewertet die Politik der »Perestroika« intern als

Verrat. Hat man sich jahrzehntelang den Direktiven Moskaus bedingungslos untergeordnet, so geht man jetzt offen auf Distanz. Ob man seine Wohnung ebenfalls neu tapezieren müsse, wenn der Nachbar das tue, fragt Politbüromitglied Kurt Hager sarkastisch im April 1987. Die DDR-Führung klammert sich ebenso borniert wie hilflos an den Status quo und bereitet eben damit ihren eigenen Untergang vor. An einem wichtigen Punkt sind die Sorgen der SED-Parteispitze allerdings nur allzu gut zu verstehen: Wenn die Sowjetunion ihre Rolle als militärische Schutzmacht der DDR aufgibt, so werden die SED-Parteiherrschaft und letztlich die Existenz der DDR sehr bald infrage gestellt sein.

Während sich die Staatsmacht abschottet, gärt es in der Bevölkerung der DDR, bis weit in die SED und die Blockparteien hinein. Hatte man nicht immer von der Sowjetunion lernen sollen? Warum also nicht auch und gerade jetzt? Eine andere Politik scheint möglich, werden doch nicht nur in der Sowjetunion, sondern auch bereits in Polen und Ungarn grundlegende Reformen umgesetzt. Warum nicht auch in der DDR? Die Diskussion um Alternativen ist nicht mehr aufzuhalten, auch wenn die Staatsorgane und die Parteien das mit den hergebrachten Mitteln, Repression und Maßregelung, versuchen. Eine »Revolution von oben«, so viel ist an der Jahreswende 1988/89 sicher, wird es in der DDR nicht geben. Einen Gorbatschow hat die Führungsriege dieses Landes nicht in ihren Reihen, und ebenso wenig verfügt sie über ein vergleichbares Reformkonzept. Veränderungen können nur noch von unten kommen.

Die DDR in den Achtzigerjahren

Im Jahr 1979 feiert die DDR ihren 30. Gründungstag. Sie präsentiert sich selbstbewusst als stabiles, prosperierendes Land. Wie der Festumzug mit seinen wehenden roten Fahnen und seiner optimistischen Siegesgewissheit (Bild links) scheint auch die DDR auf eine erfolgreiche Zukunft zuzumarschieren.

Auf der anderen Seite versucht sich die DDR tief in der Geschichte zu verwurzeln. Sämtliche Emanzipationsbewegungen der deutschen Vergangenheit werden als Paten angerufen und in die Vorgeschichte des sozialistischen Staates eingereiht. Zur Aneignung der Bauernkriege des frühen 16. Jahrhunderts lässt die DDR-Regierung ein wahres Monumentaldenkmal errichten. In Bad Frankenhausen entsteht in jahrelanger Arbeit das riesige Panoramabild »Frühbürgerliche Revolution in Deutschland« des Leipziger Malers Werner Tübke. Hier betrachtet ein Besucher eine winterliche Schlachtszene des insgesamt 123 Meter langen und 14 Meter hohen Wandbildes (Bild rechts).

Die DDR in den Achtzigerjahren

Nicht nur die Fassaden bröckeln. Was der Weltkrieg nicht geschafft hatte, geht jetzt durch die Vernachlässigung alter Bausubstanz und durch toxische Industrieemissionen unwiederbringlich verloren. Ganze historische Stadtviertel verfallen, während neue Quartiere in industrieller Plattenbauweise hochgezogen werden – begehrt wegen ihres Komforts, aber gesichtslos und unwirtlich.

In der Gröperstraße in Halberstadt verfallen die historischen Fachwerkhäuser und sind 1987 teilweise schon abgerissen (Bild links oben). Über wüstem Land ziehen aus den Schloten des Braunkohleveredlungswerks Espenhain ätzende Staub- und Gaswolken (Bild links unten).

Das Neubaugebiet Marzahn in Berlin hat nach der Fertigstellung wenig Grün, dafür aber reichlich Parkplätze für die wenigen Autos (Bild rechts).

Die DDR in den Achtzigerjahren

Eine Männerfreundschaft, die der DDR 1983 das Überleben sichert: Der bayerische Ministerpräsident Franz Josef Strauß, eigentlich doch ein in der Wolle gefärbter Antikommunist, trifft am 11. März 1984 zu einem Besuch der Leipziger Messe ein und wird von Alexander Schalck-Golodkowski am Flughafen begrüßt (Bild links). Die beiden fädeln 1983 und 1984 zwei Milliardenkredite westdeutscher Banken ein, um die DDR vor der Zahlungsunfähigkeit zu retten.

Ein ironisches Spiel treibt der Musiker Udo Lindenberg mit »Honi«, dem »alten Rocker«, zu dem er den »Sonderzug nach Pankow« nehmen will. Das darf er auch für einen einzigen

Auftritt in Ostberlin im Oktober 1983; eine geplante DDR-Tournee wird dagegen abgesagt. Im September 1987 treffen die beiden bei Honeckers Staatsbesuch im westdeutschen Wuppertal aufeinander (Bild rechts). Artig machen sie sich Geschenke: Honecker bekommt stilgerecht eine Lederjacke und eine E-Gitarre (»Gitarren statt Knarren«). Lindenberg wird von dem ehemaligen Mitglied einer Arbeiter-Schalmeienkapelle mit einer Martinstrompete beschenkt. Sie kommt auf Lindenbergs nächstem Album zum Einsatz. Ob Honecker seine Lederjacke je getragen hat, ist hingegen von der Geschichtsschreibung nicht überliefert.

Die DDR in den Achtzigerjahren

>> Die Stasi wurde fuchsteufelswild, als ich mit den Studenten ab 1972 Marx las. Ich habe eben unideologisch Marx gelesen. <<
Friedrich Schorlemmer

Blicke in ein trauriges Land. Bilder, in denen schon eine Ahnung des kommenden Endes mitschwingt: Eine alte Frau schaut 1980 aus ihrer Wohnung in der Mulackstraße in Berlin-Mitte auf den Verfall rundum (Bild links oben). Vor leerer Landschaft verliert das einsame Plakat am Ackerrand bei Neubrandenburg jede Bodenhaftung: »Auf ewig mit der Sowjetunion verbunden!« (Bild links unten). Auch der feste Blick von Breschnew und Honecker kann hier nichts mehr richten. Karl Marx und Friedrich Engels, die als Werk des DDR-Bildhauers Ludwig Engelhardt in der Mitte Berlins auf den Fernsehturm schauen (Bild rechts), betrachten stumm die ruhiggestellte Gesellschaft.

Die DDR in den Achtzigerjahren

Wer ist Freund, wer Feind? Für den Staatsratsvorsitzenden Erich Honecker lösen sich alte Gewissheiten auf, nachdem Michail Gorbatschow die Sowjetunion auf den Weg der Reform gebracht hat. Hinter den alten Ritualen der Verbrüderung und der Freundschaft nistet das Misstrauen (Bild links).

Im Verhältnis zur Bundesrepublik haben sich zur selben Zeit die Umgangsformen normalisiert. Honecker wird bei seinem ersten Staatsbesuch in Bonn am 7. September 1987 von Bundespräsident Richard von Weizsäcker begrüßt (Bild rechts).

> »Wer zu spät kommt, den bestraft das Leben.«
> Gorbatschow hat mir selber zweimal gesagt,
> er habe überhaupt nicht an Honecker gedacht,
> sondern nur an sich selber.
> Richard von Weizsäcker

Die DDR in den Achtzigerjahren

Kleine Parzellen des Privaten: Das »Broiler Buffet« macht Lust auf ein goldgelbes knuspriges Brathähnchen (Bild links). Im Laubenidyll der Datsche, hier eine wohlgeordnete Kleingartenanlage am Rande Berlins (Bild rechts), gelingt dem DDR-Bürger die Flucht ins kleine Wochenendglück.

Die DDR in den Achtzigerjahren

» Ich habe nie vergessen, wo ich herkomme. Auch nicht, dass es die vielen kleinen Leute waren, die mithalfen, dass ich ins Trainingslager fahren konnte und jedes Jahr ein neues Rad bekam. «
Täve Schur

Als Ausnahmeathleten werden sie zu populären Botschaftern des sozialistischen Staates. Die Eiskunstläuferin Katarina Witt, das »schönste Gesicht des Sozialismus«, holt bei den Olympischen Winterspielen 1984 und 1988 zweimal Gold für die DDR. Als sportliches Idol der DDR-Jugend setzt sie im Juni 1984 während des Nationalen Jugendfestivals ihr Autogramm auf eine Tafel im Studio von DT64, dem Jugendprogramm des DDR-Rundfunks (Bild links). Noch weit über seine aktive Zeit als Radrennfahrer hinaus bleibt Gustav-Adolf »Täve« Schur der beliebteste Sportler der DDR. Zweimal gewinnt er in den 50er-Jahren die Internationale Friedensfahrt, die »Tour de France des Ostens«, und holt Silber und Bronze bei den Olympischen Spielen in Melbourne und Rom. Noch im Mai 1989 zieht Täve Schur bei einem Auftritt im Berliner Stadion der Weltjugend alle Aufmerksamkeit auf sich (Bild rechts). Bis zum Untergang der DDR sitzt er als Abgeordneter in der Volkskammer, später für die PDS auch im deutschen Bundestag.

Die DDR in den Achtzigerjahren

>> Wir wollen uns darüber einig sein, dass wissenschaftliche Fragen – also auch Fragen der Philosophie – weder durch demokratische Abstimmung noch durch Parteibeschluss entschieden werden können, sondern nur durch sachliche Argumente. <<
Robert Havemann

„Du, lass dich nicht verhärten, in dieser harten Zeit", sang Wolf Biermann als »Ermutigung« für die Oppositionellen in der DDR. Zu denen, die an den Verhältnissen zerbrechen, gehört der evangelische Pfarrer Oskar Brüsewitz (1929–1976). Hier steht er in seinem Wohnort Rippicha vor einem Transparent, mit dem er öffentlich Zeugnis gegen ein gottfernes Regimes ablegen will (Bild links). In fundamentaler Opposition zu diesem Staat, aber auch im Zwist mit der Kompromisslinie der Kirchenleitung entscheidet er sich für ein verzweifeltes Fanal des Protestes. Am Morgen des 18. August 1976 übergießt sich Oskar Brüsewitz in Zeitz mit Benzin und zündet sich an. Wenige Tage später erliegt er seinen schweren Brandverletzungen.

Ebenfalls eine Herausforderung, wenn auch ganz anderer Art, verkörpert Robert Havemann (1910–1982) (Bild rechts) für das SED-Regime. Der weltweit anerkannte Naturwissenschaftler ist seit seiner Jugend Kommunist und sitzt unter den Nazis wegen Hochverrat im Zuchthaus. Nach dem Tode Stalins zeigt sein bis dahin geschlossenes Weltbild erste Risse. Wegen Abweichung von der Parteilinie schließt ihn die SED 1963 aus ihren Reihen aus. Er erhält Berufsverbot und wird in seinem Haus in Grünheide bei Berlin unter Hausarrest gestellt. Dennoch wird er zur heimlichen und offenen Bezugsperson aller nachwachsenden politischen Dissidenten in der DDR.

Die DDR in den Achtzigerjahren

DDR-Bürger gehen auf die Straße: massenhaft in offizieller Mission, wenn die »Errungenschaften des Sozialismus« am 1. Mai oder am Gründungstag der DDR zu feiern sind; als kleine, versprengte Schar mutiger Einzelner, wenn der Staat und sein Meinungsmonopol herausgefordert werden.

Auf der Karl-Marx-Allee in Berlin demonstrieren am 1. Mai 1988 Hunderttausende mit DDR-Wimpeln und roten Fahnen für ihr »sozialistisches Vaterland« (Bild links). Während das Kombinat Großhandel eine stabile Versorgung mit Waren des täglichen Bedarfs zusichert, wird auch der Fitness-Welle Tribut gezollt.

Wer sich unter dem Zeichen von »Schwerter zu Pflugscharen« versammelt wie die etwa 1000 Friedensaktivisten aus der ganzen DDR am 5. September 1987 in Berlin, geht erzwungenermaßen den Weg der Dissidenz (Bild rechts). Die unangemeldete Demonstration wird allerdings nicht aufgelöst. Der erste Staatsbesuch Honeckers in der Bundesrepublik wenige Tage später soll nicht belastet werden.

Die DDR in den Achtzigerjahren

Der Geist des Widerspruchs und der Verweigerung weht auch in der gleichgeschalteten DDR der 80er-Jahre. Eine der Nischen, in denen er weht, ist die alternative Kulturszene am Prenzlauer Berg in Berlin. Das Bild links unten zeigt den Lyriker Bert Papenfuß-Gorek bei einer teil-öffentlichen Lese-Session mit Musikbegleitung in einem Berliner Atelier im Februar 1984.

Einen Schutzraum für Unangepasste bieten vor allem die Kirchen in der DDR. Gleichzeitig arbeitet die Amtskirche mit der Staatsführung zusammen. Erich Honecker ist als Partei- und Staatschef durchaus gern gesehener Gast, als am 11. Juni 1989 der Dom St. Nikolai in Greifswald wieder geweiht wird (Bild links oben). Freundlich wird er hier von Landesbischof Horst Gienke (Mitte) vor dem Dom begrüßt.

Im Umfeld der Zionsgemeinde in Berlin etabliert sich die kritische Umweltbibliothek als Zentrum für Umwelt- und Friedensaktivisten (Bild rechts).

Die DDR in den Achtzigerjahren

Mit ihm ist kein Staat mehr zu machen. Für Wladimir Iljitsch Lenin, Säulenheiliger der russischen Oktoberrevolution und Leitfossil der marxistisch-leninistischen Staatsdoktrin, ist die Zeit abgelaufen (Bild links). Noch behauptet sich seine Büste im Hof einer Fleischerei im brandenburgischen Zossen. Doch wie welkes Laub blättert der brüchig gewordene Werkstoff von Lenins gipsernem Ebenbild ab.

Stillstand und Aufbruch
Das Jahr 1989

Ein Land in Agonie, ein ruhiggestelltes Land: So zeigt sich die DDR an der Wende zum Revolutionsjahr 1989. Vom politischen Frühling, wie er in Moskau, Warschau und Budapest eingekehrt ist, ist zwischen Elbe und Oder nichts zu spüren. Stur und unbelehrbar, die desaströsen wirtschaftlichen Fakten ignorierend, weist die DDR-Führung jeden Reformbedarf weit von sich. Die eigene Wohnung wird nicht neu tapeziert, nur weil es die Nachbarn tun, so die Parole. Dass sie es aber bitter nötig hätte, da mittlerweile nicht nur die Tapete abgenutzt ist, sondern überall im Haus der Putz bröckelt und selbst die tragenden Strukturen bis zu den Grundmauern angegriffen sind, dagegen stellt man sich blind. Unbeirrbar glauben die alten Herren im Politbüro der SED die Geschichte auf ihrer Seite, mag auch die große sowjetische Schutzmacht unter Gorbatschow umschwenken. Wie ein Mantra gegen die dunklen Schatten der Realität wirkt der Satz August Bebels, den Erich Honecker in diesem Jahr wiederholt bemüht: »Den Sozialismus in seinem Lauf hält weder Ochs noch Esel auf.«

So sehr sich die innen- und außenpolitischen Probleme an der Wende zum Revolutionsjahr zugespitzt haben: Noch herrscht Ruhe im Land. Die Menschen in der DDR formieren sich noch nicht zur Opposition, erheben noch nicht ihre Stimme gegen die Zumutungen der Winterstarre. Die Berichte der Stasi an die politische Führung geben zwar einen deutlichen Eindruck von den zunehmenden Spannungen im Land, von weitverbreiteter Kritik und Unzufriedenheit. Aber gleichzeitig beläuft sich die Zahl der Aktiven in oppositionellen Basisgruppen auf nur wenige Tausend. Eine verschwindend geringe Anzahl, die bei der Staatsführung keine Beunruhigung auslöst.

Umso besorgter ist man dort über eine andere Reaktion auf die hoffnungslose Zementierung der Verhältnisse im Land: Immer mehr Menschen beantragen die Ausreise aus der DDR, keine »Politischen«, keine aktiven Oppositionellen, sondern unauffällige Normalbürger. Ihr Leiden am Alltag der DDR ist so groß geworden, dass sie die repressiven Maßnahmen und Schikanen, die einem Ausreiseantrag unausweichlich folgen, in Kauf nehmen. Ende 1988 sind es 110 000 Antragsteller, die auf einen Bescheid warten. Die Menschen in der DDR, so scheint es, gehen den privaten Weg der Auswanderung, wenn ihre Loyalität zu diesem Staat aufgebraucht ist. Anders als etwa in Polen wählen sie nicht den Weg in die politischen Opposition. Nur wenige Monate später wird dieses ruhiggestellte Land nicht wiederzuerkennen sein, und das Ferment für den revolutionären Aufbruch sind paradoxerweise eben die Bürger, die endgültig wegwollen.

Systemabgewandt

Bernd Schütze lebt damals in Leipzig. Das tut er auch heute noch. Er ist verwurzelt dort, hat sein ganzes Leben in dieser Stadt verbracht, eine Familie gegründet, ein Reihenhaus gekauft; in seinem Beruf als Elektronikingenieur ist er zufrieden. Hat er in der Schlussphase der DDR daran gedacht, mit seiner Familie auszureisen? – Nein. Er fühlt sich zu Hause in Leipzig, und der Leidensdruck ist für ihn nicht so hoch, dass er einen so radikalen Schnitt vollziehen würde. Auch wenn diese letzte Phase schwer zu ertragen ist, denn die Mangelwirtschaft verschärft sich und die Betonköpfe in der politischen Führung behalten trotz aller Hoffnungen auf Reformen das Steuer in der Hand. Seine eigene Haltung zum Leben in der DDR nennt Bernd Schütze »systemabgewandt«. Das beschreibt womöglich sehr gut die Einstellung einer Mehrzahl der DDR-Bürger: nicht konform zu gehen mit dem politischen System und sich von ihm nicht korrumpieren zu lassen, aber auch nicht den offenen Konflikt zu suchen, sondern seine Lebenschancen in der DDR zu nutzen. Es sind diese »systemabgewandten« Bürger, die sich im Herbst 1989 in immer größerer Zahl bei den Montagsdemonstrationen einreihen und zu Trägern der friedlichen Revolution werden.

> » Wir hatten ständig Angst, doch der Glaube war immer ein Stück größer als die Angst. Manchmal hat es sogar zu Humor gereicht. «
> Christian Führer

Vom Friedensgebet zur Montagsdemo

Friedensgebete haben in den evangelischen Kirchen der DDR eine längere Tradition. In den Jahren einer neuen Aufrüstungswelle mit atomaren Mittelstreckenraketen ruft Pfarrer Christoph Wonneberger in Dresden zu regelmäßigen Gebetstreffen auf. Viele andere Gemeinden in der DDR übernehmen diese Aktionsform. Als Pfarrer Wonneberger nach Leipzig versetzt wird, macht er dort weiter.

Neben Wonneberger wird Christian Führer zur Stimme der kirchlichen Friedensinitiative in Leipzig. Seit 1980 ist er Pfarrer in der evangelischen Stadt- und Pfarrkirche St. Nikolai. Er führt dort 1981 die »Friedensdekade« ein und ab September 1982 die regelmäßigen Friedensgebete am Montagabend. Diese Initiative öffnet sich von Anfang an auch für andere gesellschaftliche Fragen: »Wir sind immer offensiv gewesen«, so beschreibt Christian Führer es heute, »wir haben geradezu das Sammelbecken gebildet für die kritischen Leute, für die kritischen Jugendlichen, die bei uns alles aussprechen konnten und ausgesprochen haben. Sie sind aus ihrer privaten Nische gekommen, und in der Kirche fanden sie den einzigen öffentlichen Freiraum, den es in der DDR gab.« Überall da, wo Menschenrechte verletzt werden, für die Menschen eintreten, so versteht Pfarrer Führer seinen Auftrag: »Der Mund der Stummen sein«.

So werden die Zusammenkünfte am Montagabend in der Nikolaikirche in den 80er-Jahren zum Kristallisationspunkt für unabhängige Basisgruppen. Nicht zuletzt sind es Ausreisewillige, die dort das Gespräch und die Öffentlichkeit suchen. Sie sind es auch, die vom Herbst 1988 an nach dem

Friedensgebet nach draußen gehen, auf den Hof der Nikolaikirche, und ihre Forderung nach Ausreise manifest machen: »Wir wollen raus!« Es sind die ersten Montagsdemonstrationen in Leipzig, mit nur wenigen Teilnehmern und einer energisch auftretenden Staatsmacht, die den Auszug der Demonstranten aus dem Nikolaihof vorerst zu verhindern weiß. Woche für Woche postieren sich Volkspolizei und Stasi dort und sperren die Zufahrtstraßen ab. Der Konflikt verschärft sich im Verlauf des Jahres 1989. Es kommt zu handgreiflichen Auseinandersetzungen mit Demonstranten und zu regelmäßigen »Zuführungen«, also Verhaftungen von Teilnehmern der Friedensgebete. Auch die beiden Pfarrer Wonneberger und Führer werden im Herbst dem Staatsanwalt vorgeführt.

Eine kritische Öffentlichkeit formiert sich

Ist es die Ermutigung durch den politischen Wandel in anderen osteuropäischen Staaten? Das Gefühl, dass das SED-Regime unter Druck steht, wodurch das Selbstvertrauen oppositioneller Gruppen im Frühjahr 1989 anwächst? Jedenfalls verständigen sich Bürgerrechtsgruppen im ganzen Land darauf, die Kommunalwahlen am 7. Mai 1989 kritisch zu beobachten und nicht mehr schweigend hinzunehmen, dass das Wahlergebnis auf die gewünschte Zustimmungsrate von fast 100 Prozent gefälscht wird.

Formal sind Wahlen in der DDR frei und geheim. Tatsächlich steht aber statt konkurrierenden Parteien nur die Einheitsliste der Blockparteien und Massenorganisationen zur Wahl. Ein Nein zur Einheitsliste auszusprechen, ist schon verfahrenstechnisch nicht so einfach: Man muss alle Kandidatennamen auf der Liste einzeln durchstreichen. Wer das tut, zieht die Aufmerksamkeit auf sich, gilt doch schon die Nutzung der Wahlkabine als Indiz für ein Nein. Aber selbst die hohen Zustimmungsraten, die auf diese Weise zustande kommen, genügen dem Regime nicht: Wahlfälschungen bei und nach der Auszählung der Stimmen sind seit Jahren üblich.

> »Der große revolutionäre Spruch war: »Wir bleiben hier!« Derjenige, der diesen Spruch erfunden hat, verdient das Bundesverdienstkreuz.«
> Friedrich Schorlemmer

Hier setzen die Bürgerrechtsgruppen an. Da die Auszählung der Stimmen nach geltendem Wahlrecht der DDR öffentlich ist, begeben sie sich als unabhängige Beobachter am Abend des 7. Mai in zahlreiche Wahllokale, verfolgen die Stimmauszählung und notieren die Ergebnisse. Der Abgleich mit den offiziellen Wahlergebnissen am nächsten Tag belegt den massiven Wahlbetrug. Der Protest der Bürgerrechtler wird öffentlich. Es kommt zu kleinen Demonstrationen und zu Hunderten von Strafanzeigen wegen Wahlfälschung. Das ist für die Bürgerrechtsbewegung der DDR ein großer Schritt nach vorn. Mit dem Mut wächst das Bewusstsein, dass man der Staatsmacht die Stirn bieten kann. Von da an versammeln sich am 7. jedes Monats Bürger in Berlin und anderen DDR-Städten, um öffentlich gegen die Wahlfälschung zu demonstrieren.

Stiller Protest in der Verweigerung

Der Leipziger Bürger Bernd Schütze ist an diesem Maitag gar nicht erst zur Wahl gegangen, genauso wie an vielen Wahltagen vorher. Für ihn war die Wahl einer Einheitsliste noch nie eine echte Wahl, sondern eine Farce. Warum also sollte er daran teilnehmen, selbst wenn er mit Nein stimmen würde? Er ist davon überzeugt, dass die Wahlergebnisse gefälscht werden.

Wie an jedem Wahltag, an dem er nicht im Wahllokal erscheint, bekommt er nach Mittag zu Hause Besuch: Eine mehrköpfige »Propagandakolonne« drängt ihn zur Abgabe seiner Stimme und will wissen, warum er sich seiner »Pflicht« entzieht. Schütze hat sich schon vorher überlegt, was er sagen wird: nur keine allgemeine Kritik an den Verhältnissen in der DDR äußern, das bringt nichts als Ärger. Besser über die ganz persönlichen Erfahrungen mit Mangel und Misswirtschaft reden. Seine Stimme werden sie jedenfalls nicht bekommen. Der »harte Hund« in dieser politischen Drückerkolonne verabschiedet sich wie immer mit Drohungen. Doch wie immer sind es leere Drohungen. Die Wahlverweigerung bleibt für Schütze ohne Folgen.

Eine Lücke im Eisernen Vorhang

Starrsinnig verkündet Erich Honecker noch am 18. Januar 1989, die Mauer werde »in 50 und auch in 100 Jahren noch bestehen, wenn die dazu vorhandenen Gründe noch nicht beseitigt sind«. Knapp drei Wochen später stirbt der junge Kellner Chris Gueffroy im Kugelhagel der Grenzsoldaten, als er zusammen mit einem Freund versucht, die Mauer nach Westberlin zu überwinden. Er wird das letzte Opfer des DDR-Grenzregimes an der Mauer sein. Danach zwingen internationale Proteste und die Sorge um seine weltweite Reputation das DDR-Regime, durch interne Weisung den Schießbefehl an der Grenze endlich aufzuheben. Doch die scharfe Bewachung der Grenze wird fortgesetzt, und wer versucht, das Land illegal zu verlassen, muss weiterhin mit mehrjährigen Freiheitsstrafen rechnen.

Aber der Wille zur Flucht aus einem ungeliebten Land nimmt immer mehr zu. Um den hohen Druck im Innern zu senken, genehmigt die Staatsmacht von Monat zu Monat mehr Ausreiseanträge. Sind es im Januar 1989 noch etwa 3700 Bürger, die das Land legal verlassen dürfen, steigt diese Zahl im Mai schon auf über 9100, im August auf 12800. Die DDR-Führung betrachtet das als eine Art Ventil, das man öffnet, um die Verhältnisse wieder unter Kontrolle zu bringen. Doch sie erreicht damit das Gegenteil: Vom

Westfernsehen über die Ausreisewelle informiert, packen immer mehr Bürger ihre Koffer und stellen Ausreiseanträge. Und immer mehr tragen ihren Willen, die DDR hinter sich zu lassen, in die Öffentlichkeit.

Seit Mai 1989 bieten sich für Fluchtwillige überraschend neue Möglichkeiten: Ungarn, eines der reformfreudigeren Länder des sozialistischen Lagers, baut seine Grenzsicherungen zu Österreich ab. Ein Schlupfloch tut sich auf. Die SED-Führung reagiert entsetzt, verbringen doch Zehntausende Bürger der DDR regelmäßig ihren Sommerurlaub in Ungarn und scheinen jetzt problemlos von dort in den Westen ausreisen zu können. Doch steht die Grenze zunächst noch keineswegs offen, auch wenn sich das Gerücht in der DDR verbreitet und Tausende Ausreisewillige nach Ungarn aufbrechen. Sie lagern am Straßenrand und auf Campingplätzen und warten auf ihre Chance zur Flucht. Erst Ende August lässt die ungarische Regierung die ersten Gruppen passieren; andere haben inzwischen die westdeutsche Botschaft in Budapest besetzt, um ihre Ausreise zu erzwingen. Auch die Botschaften der BRD in Prag und Warschau und die Ständige Vertretung der Bundesrepublik in Ost-Berlin werden von DDR-Bürgern gestürmt. Immer mehr Menschen klettern über die Zäune der Botschaften und kampieren tage- und wochenlang auf engstem Raum, im Freien, in Zelten. Die Bilder gehen um die Welt: Sie sprechen ein vernichtendes Urteil über die DDR und die politische Legitimation ihrer Führung. Was ist das für ein Land, das seine Bürger zur Massenflucht treibt?

> » Den größten Respekt habe ich nicht vor denen, die in die Botschaft in Prag geflüchtet sind, sondern Respekt habe ich vor den 70 000 vom 9. Oktober in Leipzig. «
>
> Friedrich Schorlemmer

Um die unhaltbare Situation aufzulösen, öffnet die ungarische Regierung schließlich am 10./11. September die Schlagbäume, ohne sich mit Moskau oder der DDR-Führung abzusprechen. Zehntausende DDR-Bürger nutzen diese Chance, ein Massenexodus beginnt. Einen Tag später verschärft die DDR ihre Reiseregelungen, um »das Loch Ungarn zuzumachen«.

Wie beurteilt jemand, der in der DDR bleiben wollte, die Ausreisewelle im Sommer 1989? Bernd Schütze, der »systemabgewandte« Leipziger Bürger, kann alle Motive, die Menschen zur Flucht und zur Ausreise aus der DDR bewegen, gut nachvollziehen. Auch wenn sein eigener Leidensdruck geringer ist, auch wenn er sich privilegiert sieht durch mannigfaltige Westverbindungen, durch die sich Versorgungslücken schließen lassen: Er versteht sehr gut, warum viele der DDR müde geworden sind und sich nach einem Leben sehnen, das mehr Freiheiten und größeren Wohlstand verheißt. Er fiebert daher mit, als sich im Sommer 1989 in den westdeutschen Botschaften von Budapest und Prag dramatische Szenen abspielen. Die Bilder, die er davon im Westfernsehen sieht, berühren ihn tief, denn er fragt sich: Was muss unser Land, die DDR, diesen Menschen angetan haben, dass sie alle Brücken hinter sich abbrechen und das alles in Kauf nehmen, um hinauszukommen?

Botschaftsbesetzungen in Prag und Budapest

Nachdem der Ausreiseweg über Ungarn notdürftig verbarrikadiert ist, bleibt als Anlaufpunkt für alle Fluchtwilligen die westdeutsche Botschaft in Prag. Um in die Tschechoslowakei zu reisen, benötigen DDR-Bürger nicht einmal ein Visum. Bis Ende September treffen über 10 000 Menschen hier ein. Bei hochsommerlichen Temperaturen harren sie aus und werden, so gut es eben geht, von den Mitarbeitern der diplomatischen Vertretung versorgt. Die Nerven sind zum Zerreißen gespannt: Wird man sie am Ende zwingen, in die DDR zurückzukehren? Müssen sie mit Sanktionen rechnen? Oder ist der Garten der Prager Botschaft tatsächlich der Vorhof zur Freiheit, und öffnet sich von hier die Tür nach Westen?

Die Situation spitzt sich von Tag zu Tag mehr zu, und das weltweite Echo wie die innenpolitische Wirkung sind für die DDR verheerend. Auf Druck von Prag und Moskau, aber auch in Sorge um die bevorstehenden Feiern zum 40. Staatsjubiläum zieht die DDR-Führung schließlich die Notbremse und erlaubt die Ausreise der Botschaftsbesetzer in Prag und in Warschau. Um das als souveränen Akt der Staatsmacht darzustellen, dürfen die Besetzer nicht direkt nach Westen ausreisen, sondern durchqueren in versiegelten Zügen das Territorium der DDR.

Am 30. September 1989 reist der westdeutsche Außenminister Hans-Dietrich Genscher nach Prag, um den Botschaftsbesetzern die frohe Kunde der Ausreiseerlaubnis zu überbringen. Abends, kurz vor 19 Uhr, tritt er auf den Gartenbalkon der Botschaft: »Wir sind zu Ihnen gekommen, um Ihnen mitzuteilen, dass heute Ihre Ausreise ...« Seine Worte gehen im frenetischen Jubelgeschrei der Besetzer unter.

Noch in derselben Nacht verlassen die Besetzer die Botschaften und die DDR, ihr ungeliebtes Heimatland. Doch schon in den folgenden Tagen sammeln sich erneut Tausende in und um die Botschaft in Prag. Noch einmal werden sie in Zügen über das Gebiet der DDR ausgefahren. Einen Tag vorher, am 3. Oktober, hat die DDR bereits den visafreien Reiseverkehr in die Tschechoslowakei ausgesetzt und damit alle Grenzen verriegelt. Einige bemühen sich verzweifelt, auf die letzten Züge mit Botschaftsbesetzern

> »Wie weit ist es mit unserem Land gekommen, dass die Menschen so schreien vor Freude, wenn sie hier rauskommen? Wie hat dieses Land sie fertiggemacht? Das war wirklich ein Schrei, der die DDR ins Mark getroffen hat.«
> Christian Führer

aufzuspringen. In der Nacht vom 4. auf den 5. Oktober kommt es am Hauptbahnhof in Dresden zu Straßenschlachten, als Tausende von Menschen versuchen, die durchfahrenden Züge zu blockieren, und von staatlichen Ordnungskräften zurückgedrängt werden. Selbstgerecht attestiert das *Neue Deutschland* den Ausreisenden, sie hätten sich selbst aus der Gesellschaft ausgegrenzt: »Man sollte ihnen deshalb keine Träne nachweinen.«

Die Bilder der besetzten Prager Botschaft sind Schlüsselszenen für das Auseinanderbrechen der DDR im Sommer 1989. Welche Gefühle bewegten Christian Führer, als Hans-Dietrich Genschers Ankündigung vom Balkon der Botschaft durch den tausendfachen Freudenschrei der Menschen beantwortet wurde? Es war für ihn, so der Leipziger Pfarrer, der Schrei der gequälten Kreatur. Er dachte: »Wie weit ist es mit unserem Land gekommen, dass die Menschen so schreien vor Freude, wenn sie hier rauskommen? Wie hat dieses Land sie fertiggemacht? In welche Situation hat es sie gebracht? Das war wirklich ein Schrei, der die DDR ins Mark getroffen hat.«

Die Vierzigjahrfeiern: Machtdemonstration und Requiem

Die Feierlichkeiten zum 40. Jahrestag der DDR am 7. Oktober haben nach den dramatischen Ereignissen dieses Sommers etwas Gespenstisches. Es ist offenkundig geworden, dass dieses Land in einer existenziellen Krise steckt. Die alte Garde in der Staatsführung aber will davon nichts wissen, sondern klammert sich an ein hilfloses »Weiter so«. Die offiziellen Jubelfeiern laufen ab wie geplant und wie es sich der bereits schwer kranke Erich Honecker für »sein« Fest wünscht: mit einem riesigen Fackelzug der FDJ am Vorabend, mit Militärparade und einem Staatsakt, an dem die Partei- und Staatschefs sämtlicher »Bruderländer« und viele andere Staatsgäste teilnehmen, mit Banketten, Tanzveranstaltungen und einem Volksfest für alle.

Doch die Fassade unbeschwerter Festlichkeit zeigt Risse. Der Hoffnungsträger Michail Gorbatschow wird von den Berlinern mit »Gorbi, Gorbi«-Rufen begrüßt. »Gefahren warten nur auf jene, die nicht auf das Leben reagieren«, schreibt er der SED-Führung ins Stammbuch, was dann in einer zugespitzten Variante zur populären Parole gegen das erstarrte Regime wird: »Wer zu spät kommt, den bestraft das Leben.«

Wie seit den Kommunalwahlen im Mai am 7. jedes Monats demonstrieren auch an diesem Oktoberabend in Berlin und anderen Städten der DDR Tausende Menschen für Bürgerrechte und Reformen. Vom Alexanderplatz in Berlin, wo an diesem Abend Volksfest ist, macht sich eine schnell anwachsende Gruppe auf den Weg zum Palast der Republik. Dort gibt Erich Honecker zur gleichen Zeit ein großes Staatsbankett mit ausländischen Gästen und verdienten DDR-Bürgern. Unter den Geladenen vermuten die Demonstranten auch Michail Gorbatschow, dem ihr Appell gilt: »Gorbi, hilf uns!« 3000 Teilnehmer umfasst der Protestzug, als er vor dem Palast der

Republik von Polizeisperren aufgehalten wird. Die Demonstranten ziehen weiter Richtung Prenzlauer Berg. Kaum haben sie das Zentrum verlassen und damit auch den Bereich, in der die Vertreter internationaler Medien an diesem Abend präsent sind, werden sie von Volkspolizei und Stasi-Mitarbeitern hart angegangen, mit Schlagstöcken verprügelt und verhaftet. Dasselbe wiederholt sich bei Protesten am folgenden Abend.

Die Staatsmacht zeigt sich nach diesen Vorfällen in höchstem Maße alarmiert. Stasichef Mielke befiehlt die volle Dienstbereitschaft aller Einsatzkräfte und ein kompromissloses Vorgehen gegen »Zusammenrottungen«. Der Blick ist nach Leipzig gerichtet, wo für den 9. Oktober, zwei Tage nach dem Staatsfeiertag, die nächste Montagsdemonstration angesetzt ist.

Wir sind das Volk

»Wir wollen raus!« Das ist die Parole, mit der nach den Montagsgebeten in der Leipziger Nikolaikirche seit Monaten Demonstranten auf die Straße drängen. Es sind Bürger, die bereits einen Antrag auf Ausreise aus der DDR gestellt haben und die einer Konfrontation mit der Staatsmacht nicht mehr aus dem Weg gehen. Im Gegenteil: Sie suchen jetzt die öffentliche Auseinandersetzung, um ihre Ausreise zu beschleunigen. Denn es ist offenkundig, dass die Staatsführung in diesen krisenhaften Zeiten unbequeme Kritiker und Unruhestifter schnell loswerden möchte – durch Ausbürgerung. Das gilt umso mehr, sobald die westlichen Medien sich der Sache annehmen. Schon die erste Montagsdemonstration im März 1989 setzt – taktisch klug – auf diesen Effekt, als sie die verstärkte Präsenz von Journalisten und Fernsehteams aus dem Westen während der Leipziger Frühjahrsmesse einplant. Die Kameras sind zur Stelle, als es vor der Nikolaikirche zu handgreiflichen Auseinandersetzungen zwischen Demonstranten und Stasileuten kommt und ein Mann lautstark in die Mikrofone ruft: »Ich habe lebenslang DDR!«

Lange Zeit scheinen die Montagsdemonstrationen vor allem ein Forum für Ausreisewillige zu sein. Die anderen bleiben fern. Das ändert sich im Sommer 1989, als der Massenexodus von DDR-Bürgern über Ungarn und die Tschechoslowakei auch die große Mehrheit im Land, die dableiben will, mobilisiert. Fast jeder spürt, dass die Zeit überreif ist für grundlegende Veränderungen, und die ersten sind bereit, das auch öffentlich kundzutun. So ändert sich im September der Charakter der Demonstrationen. Statt »Wir wollen raus!« heißt es jetzt trotzig »Wir bleiben hier!«, und es ist als Kampfansage an eine reformunfähige Staatsführung gemeint.

Seitdem machen in Leipzig viele mit, wenn sich am Montagabend der Demonstrationszug in Bewegung setzt und von Nikolaikirche und Karl-Marx-Platz aus immer weiter die Ringstraße entlangzieht, bevor am Ende Ordnungskräfte eingreifen. Jede Woche wird die Menschenmenge größer, trotz Strafandrohung wegen illegaler »Zusammenrottung«. Sind es am

4. September noch 1200 Teilnehmer, demonstrieren am 2. Oktober schon 10 000 Menschen. Sie fordern Reformen, »Reisefreiheit statt Massenflucht«, »Freiheit für die Gefangenen«. Ein Volk befreit sich Schritt für Schritt aus seiner politischen Apathie und erprobt sich im Wahrnehmen seiner demokratischen Grundrechte. Es ist ein bemerkenswert schneller Lernprozess. Seinen geschichtsträchtigen Ausdruck findet er in der Parole, die seit der Montagsdemonstration vom 2. Oktober von Tausenden skandiert wird und zum Fahnenwort der friedlichen Revolution wird: »Wir sind das Volk!«. Geboren wird dieser Ruf im Konflikt mit der Volkspolizei, die gegen diejenigen vorgeht, die sie doch schützen sollte: das Volk.

> Ich habe Mut geschöpft, weil die Menschenmassen plötzlich da waren. Bis dahin waren wir ganz kleine Gruppen, die hätten die Machthaber alle wegräumen können.
> Friedrich Schorlemmer

Die Bürgerbewegung organisiert sich

Das Volk, das hier demonstriert und Reformen einfordert, schafft sich neue Organisationsformen jenseits der staatstragenden Parteien und Verbände. Schon am 26. August ruft eine mutige Initiativgruppe um Markus Meckel, Martin Gutzeit und Ibrahim Böhme zur Gründung einer sozialdemokratischen Partei auf, eine Provokation gegenüber der SED. Die Gründung als SDP erfolgt am 40. Jahrestag der DDR.

Am 10. September wird der Gründungsaufruf der wohl wirkungsmächtigsten Gruppierung der friedlichen Revolution veröffentlicht, des »Neuen Forums«. Das Neue Forum will ausdrücklich keine Partei sein, sondern eine offene Plattform für die überfällige Reformdiskussion. Innerhalb weniger Tage unterschreiben 3000 Menschen in der ganzen DDR diesen Aufruf. Ein Antrag auf Anerkennung als Vereinigung wird vom Innenministerium erwartungsgemäß abgelehnt. Erst am 8. November, einen Tag vor dem Fall der Mauer, wird sich das Ministerium dem Druck beugen und das Neue Forum als erste oppositionelle Vereinigung offiziell anerkennen.

Im September und Oktober gründen sich außerdem die Bürgerbewegung »Demokratie Jetzt« und der »Demokratische Aufbruch«. Beide lehnen den Sozialismus nicht grundsätzlich ab, wollen ihn aber auf eine demokratische Basis stellen, ohne den Führungsanspruch der SED. An eine Wiedervereinigung der beiden deutschen Staaten denkt zu diesem Zeitpunkt noch niemand.

Das Wunder von Leipzig

Am 9. Oktober soll dem »staatsfeindlichen« Treiben auf den Straßen Leipzigs ein Ende gemacht werden. So will es die SED-Führung, und sie mobilisiert Stasi, Volkspolizei, Militär und Betriebskampfgruppen, um die anstehende Montagsdemonstration mit exemplarischer Härte zu unterbinden. Hatte sich die Staatsmacht zuvor wegen der Feierlichkeiten zum 40. Jahrestag der DDR zurückgehalten, so wird jetzt, zwei Tage später, der Einsatz von massiver Gewalt zur Handlungsoption. Offenbar stellt sich für den SED-Staat zu diesem Zeitpunkt die Machtfrage, und es gibt Anzeichen, dass er auch eine »chinesische Lösung« in Betracht ziehen könnte. Schließlich ist es erst wenige Monate her, dass nach dem Massaker auf dem Platz des Himmlischen Friedens in Peking die Volkskammer der DDR einschließlich aller Blockparteien das Vorgehen der chinesischen Führung gegen die »Konterrevolution« ausdrücklich begrüßte.

Im Vorfeld der Demonstration in Leipzig wird in den Betrieben davor gewarnt, am Montagabend in die Innenstadt zu gehen. Gerüchte kursieren, dass in Krankenhäusern vorsorglich Betten freigehalten würden, dass Panzer auffahren werden. Die Parteikader sprechen offen davon, dass dieser 9. Oktober der Tag der Entscheidung sein werde. Was das bedeuten kann, das bekundet die Androhung einer Betriebskampfgruppe, die von der *Leipziger Volkszeitung* als Leserbrief abgedruckt wird: »Wir sind bereit und willens, das von uns mit unserer Hände Arbeit Geschaffene wirksam zu schützen, um diese konterrevolutionären Aktionen endgültig und wirksam zu unterbinden. Wenn es sein muss, mit der Waffe in der Hand.« Trotz eines öffentlich verlesenen Aufrufs von sechs prominenten Leipzigern, zu denen Kurt Masur, der Leiter des Gewandhaus-Orchesters, aber auch drei Mitglieder der SED-Bezirksleitung gehören, mit dem sie beide Seiten beschwören, auf Gewalt zu verzichten, spricht alles dafür, dass dieser Montagabend nicht friedlich verlaufen wird.

> » Mir war klar: Entweder gibt es in der DDR einen »Platz des Himmlischen Friedens« oder es gibt eine Änderung. «
> Dagmar Schipanski

Wer sich an diesem Tag zur Montagsdemonstration aufmacht, und das sind beileibe nicht nur Leipziger, braucht Mut und große Entschlossenheit. Jeder Teilnehmer muss sich fragen, ob er auch Gefahren für Leib und Leben in Kauf nimmt. Dennoch schließt sich am 9. Oktober eine überwältigende Menge von Menschen zum Protestzug über den Ring zusammen: Es werden 70 000 sein. Auch wenn die Angst mitläuft: Alle, die an diesem Abend teilnehmen, machen Leipzig tatsächlich zur »Heldenstadt«, wie es später der Schriftsteller Christoph Hein formulieren wird.

Die Staatsorgane rechnen im Vorfeld mit 35 000 Demonstranten und postieren 8000 Mann in der Stadt, unter ihnen auch NVA-Soldaten, um die »Zusammenrottung« der Weisung aus Berlin entsprechend einzukesseln und aufzulösen. Angesichts der Menschenmenge sieht der Einsatzleiter vor Ort jedoch keine realistische Chance, den Befehl umzusetzen, und schlägt dem Innenminister in Berlin den Rückzug vor. Der Minister stimmt zu.

Auf breiter Front strömen die Demonstranten an diesem Abend über den Leipziger Ring, ungehindert, friedlich. Keiner hält sie auf. Sogar an der »Runden Ecke«, dem örtlichen Sitz der Stasi, laufen sie vorbei. Die Anspannung der letzten Stunden löst sich auf zu befreiter, ausgelassener Stimmung: Das Volk hat die Straße gewaltfrei erobert. Die Staatsgewalt hat kapituliert. Das ist das »Wunder von Leipzig«.

Die Montagsdemonstrationen werden auch in den folgenden Wochen und Monaten fortgesetzt. Sie werden weiter anwachsen auf 200 000, sogar 500 000 Menschen und zum Forum für unterschiedlichste Reformwünsche und Veränderungshoffnungen werden. Sicherlich sind sie jetzt auch ein gesellschaftliches »Event«, an dem man ohne Risiko teilnehmen kann. Der 9. Oktober hat dafür den Weg frei gemacht. Er ist der »Tag der Entscheidung«, an dem die Machtfrage in dieser friedlichen Revolution geklärt wurde.

»Montag war Pflicht«

Lange Zeit hält sich der Leipziger Bernd Schütze von den Scharmützeln nach den Montagsgebeten in der Nikolaikirche fern: Es ist nicht wirklich seine Sache, wenn dort die Bürger »mit Antrag« lautstark ihre Ausreise einfordern.

Erst als der Druck im Sommer 1989 massiv anwächst und der Ruf nach innerstaatlichen Reformen die Montagsdemonstrationen bestimmt, entschließt sich der Gesprächskreis, dem Schütze in seiner evangelischen Gemeinde angehört, gemeinsam zur Teilnahme. Am 25. September wird die kleine Gruppe zum ersten Mal mitlaufen. Noch besteht die Drohkulisse, noch weiß niemand, ob die Staatsmacht nicht mit Gewalt gegen den Protestzug vorgeht.

Bernd Schütze und seine Frau Cornelia haben ebenso wie die Freunde, mit denen sie seit den Zeiten der »Jungen Gemeinde« vertraut sind, ihre Kinder mitgenommen. Wenn Kinder mitgehen, davon sind sie überzeugt, sinkt die Gewaltbereitschaft, und die Atmosphäre zwischen Demonstranten und Ordnungskräften entspannt sich. Aber die Furcht, dass etwas passieren wird, ist da, und während der Zug sich über den Ring schiebt, sieht sich jeder vorsorglich nach Fluchtwegen um.

Bei der entscheidenden Demonstration am 9. Oktober ist Schütze selbst nicht dabei – er ist an diesem Tag im Westen, auf Besuch bei Verwandten. Die anderen aber nehmen teil, seine Frau, seine Kinder, die Schwiegereltern, die Freunde, allen Drohungen und Gerüchten zum Trotz. Bernd Schütze sitzt an diesem Montagabend in München, voll Sorge um seine Familie in Leipzig, und dann unendlich erleichtert, als er vom friedlichen Verlauf der Kundgebung erfährt. Auch für ihn ist nach diesem Abend klar: Jetzt gibt es kein Zurück mehr, die DDR wird sich grundlegend ändern.

Danach ist er an jedem Montagabend dabei, auch wenn ihm der zunehmende Spaßcharakter der Veranstaltung und die »Fußballmentalität« vieler Teilnehmer nicht so recht gefallen. Dennoch: »Montag war Pflicht!«

Wer zu spät kommt ...

Noch einmal versucht die SED-Führung, den sich abzeichnenden Verfall ihrer Macht aufzuhalten. Die Ablösung Erich Honeckers als Partei- und Staatschef soll im Volk als Zeichen der Erneuerung und einer unbestimmten »Wende« wahrgenommen werden. Doch die kleine Palastrevolution, in der bei einer Politbürositzung am 17. Oktober der ahnungslose Honecker überraschend abgesetzt wird, führt nur zur Inthronisation seines altgedienten Kronprinzen Egon Krenz, der zwar jünger als sein Vorgänger, aber wahrlich kein Reformer ist. Immerhin: In seiner ersten Fernsehansprache als SED-Generalsekretär versichert Krenz, dass »alle Probleme in unserer Gesellschaft politisch lösbar sind«. Der Gedanke an ein gewaltsames Vorgehen gegen die Protestbewegung scheint aufgegeben. Man gibt sich dialogbereit.

Die Ereignisse auf den Straßen des Landes sind jedoch nicht mehr aufzuhalten, ebenso wenig die Ausreisewelle nach Westen. Selbst wenn sich die neue Führung zu einer mutigeren Reformpolitik durchgerungen hätte: Es ist zu spät.

Das zeigt auch die Massendemonstration am 4. November 1989 in Berlin, mit nahezu einer Million Teilnehmern die größte in der Geschichte der DDR. Dazu aufgerufen haben Künstler und Theaterleute. Sie fordern grundlegende Veränderungen für ihr Land, Meinungs- und Versammlungsfreiheit, die Reform des Sozialismus, nicht seine Abschaffung. Zum ersten Mal wird eine Demonstration unter dem Druck der neuen Verhältnisse offiziell genehmigt und sogar live im DDR-Fernsehen übertragen. Fünf Stunden lang ziehen die Menschen mit ihren selbst verfassten Transparenten und Plakaten an Volkskammer und Staatsratsgebäude vorbei: »Rechtssicherheit ist die beste Staatssicherheit«, »Pässe für alle – der SED den Laufpass« und »Reformen statt Kosmetik«. Noch am Vorabend hatte Egon Krenz in einer Fernsehansprache versucht, sich an die Spitze der Reformbewegung zu setzen, und weitreichende Veränderungen angekündigt. Aber als bei der Abschlusskundgebung auf dem Alexanderplatz auch der Berliner SED-Chef Günter Schabowski und der frühere Leiter der DDR-Spionage, Markus Wolf, das Wort ergreifen und sich als Reformer präsentieren, werden sie gnadenlos ausgepfiffen. Tausende machen ihnen stimmgewaltig klar: »Zu spät, zu spät!«

Die Dinge überstürzen sich jetzt. Überall im Land kommt es zu Massenkundgebungen und zu öffentlichen Diskussionen mit örtlichen Funktionsträgern. Selbstkritik und »Entschuldigungen« für politische Fehlentwicklungen von Parteikadern und Staatsorganen häufen sich. Die SED scheint hilflos und ist wie gelähmt, die Blockparteien setzen sich ab. Am 7. November tritt die DDR-Regierung unter Ministerpräsident Willi Stoph, der dieses Amt insgesamt 22 Jahre lang innehatte, zurück. Das SED-Politbüro schließt sich an und formiert sich teilweise neu. Es ist frappierend, wie schnell der Machtverfall der alten Führungskader voranschreitet, wie ihnen das Heft des Handelns entgleitet.

Währenddessen setzt sich die dramatische Flüchtlingswelle fort. Inzwischen hat die Tschechoslowakei die Grenze nach Westdeutschland geöffnet und lässt DDR-Bürger ungehindert ausreisen. Die westdeutschen Notaufnahmelager sind rettungslos überfüllt.

Ein neues Reisegesetz der DDR soll die Situation entspannen, stößt aber überall auf Ablehnung, da der erste Entwurf immer noch viel zu restriktiv ist und die aktuelle Situation nicht mehr befrieden kann. Am 9. November 1989 einigt sich das SED-Politbüro auf eine überarbeitete Regelung für Reisen nach Westen, die am nächsten Tag in Kraft treten soll. Es ist die Regelung, die Politbüro-Sprecher Günter Schabowski in der legendären Pressekonferenz am Abend dieses Tages aus Unkenntnis zu der Botschaft verkürzt: Die Mauer steht ab sofort offen.

> **Das entscheidende Datum war aber dann die Demonstration am 9. Oktober in Leipzig, wo mehr als einhunderttausend Menschen demonstrierten und weder die NVA noch die Rote Armee noch die Kampftruppen noch die Stasi eingesetzt wurde.**
> Wolfgang Thierse

In der Nacht vom 9. auf den 10. November 1989 feiern die Menschen im ganzen Land den Fall der Mauer. Das Symbol der Unfreiheit und des Kalten Krieges gehört der Vergangenheit an. Diese Nacht ist der Höhepunkt der friedlichen Revolution, und sie markiert einen historischen Einschnitt, der den Untergang des SED-Regimes besiegelt und das Ende der DDR als eigenständiger Staat einleitet.

Auf dem Weg zur Einheit

Als das Jahr 1989 zu Ende geht, scheint sich die Zeit in der DDR enorm beschleunigt zu haben. Nach dem Fall der Mauer wandeln sich die politischen Verhältnisse in schwindelerregendem Tempo. Viele erleben diese Monate des Machtvakuums als Zeit des Aufbruchs, der Beteiligung, der Arbeit an einer offenen Zukunft. Für andere bricht mit den politischen Gewissheiten der vorangegangenen Jahrzehnte auch das persönliche Koordinatensystem weg; sie stehen fassungslos und verbittert vor den Trümmern des Staatssozialismus.

Angeschoben von anhaltenden Massendemonstrationen und »Runden Tischen«, demokratisiert sich das Land in nur wenigen Monaten. Schnell wird aber auch zur Gewissheit: Die Mehrheit will keine weiteren gesellschaftlichen Experimente; sie setzt ihre Hoffnungen nicht auf eine »bessere« DDR, sondern auf eine rasche Vereinigung mit der Bundesrepublik. Unvermittelt hat sich die zentrale Losung der Montagsdemonstrationen verändert: Statt »Wir sind *das* Volk« heißt es jetzt »Wir sind *ein* Volk«. Die neue Parole soll sich als ebenso wirkungsmächtig erweisen wie die alte. Auch die Politiker in Ost und West können den lauten Ruf nach staatlicher Einheit bald nicht mehr überhören.

Die ersten freien Wahlen in der DDR seit 1946 werden am 18. März 1990 zum überdeutlichen Plebiszit für die Wiedervereinigung. Während die Träger der friedlichen Revolution, die Reformer aus dem »Neuen Forum« und anderen Gruppen der Bürgerbewegung, zusammen nicht einmal fünf Prozent der Stimmen erreichen, stimmt fast jeder zweite für die konservative »Allianz für Deutschland« unter Führung der CDU.

Danach geht alles sehr schnell. Die Große Koalition, die aus den Wahlen hervorgeht, ist eine Regierung in Abwicklung: Ihre zentrale Aufgabe besteht darin, zunächst die wirtschaftliche und dann die politische Vereinigung der beiden deutschen Staaten auszuhandeln. Als schließlich auch die Vorbehalte der Siegermächte des Zweiten Weltkriegs überwunden sind, kann die deutsche Einheit Wirklichkeit werden. Unter Verzicht auf die Ausarbeitung einer neuen, gemeinsamen Verfassung beschließt die Volkskammer der DDR den Beitritt zur Bundesrepublik Deutschland zum 3. Oktober 1990. Als um Mitternacht dieses Tages die schwarz-rotgoldene Fahne vor dem Reichstag gehisst wird und eine unüberschaubare Menschenmenge das »Jahrhundertgeschenk der Einheit« feiert, ist seit der Öffnung der Mauer nicht einmal ein Jahr vergangen.

Heute, zwanzig Jahre nach dem welthistorischen Ereignis, ist die Mauer als Bauwerk fast verschwunden. Von »Mauerspechten« zerhackt, von der späten DDR-Regierung als Exportschlager in alle Welt verkauft oder abge-

» Es war eine tolle Bewegung, ein toller Aufbruch, der nicht nur die DDR, sondern ganz Osteuropa verändert hat. Er hatte eine ungeheure Wirkung in der ganzen Welt. Besonders wichtig ist, dass es eine friedliche Revolution gewesen ist. Das zeigt, was für eine menschliche Reife in unserer Opposition vorhanden war. Das bleibt. Genauso bleibt das Bewusstsein – selbst wenn es manchmal von Alltagsproblemen überdeckt wird –, dass man mit Kraft, Mut und Ausdauer furchtbare und scheußliche Diktaturen zu Fall bringen kann. Ich finde es wichtig, dass diese Gedanken und Erfahrungen an die jüngere Generation weitergegeben werden. «

Freya Klier

räumt und maschinell zertrümmert, finden sich in Berlin und an der ehemaligen innerdeutschen Grenze nur noch wenige komplett erhaltene Mauersegmente. In der jahrzehntelang zweigeteilten deutschen Hauptstadt muss man heute nach den Spuren der verschwundenen Mauer regelrecht suchen.

Länger als das monströse Bauwerk der Unfreiheit hat sich allerdings die »Mauer in den Köpfen« gehalten. Denn auf die großen Glücksmomente des Mauerfalls und der deutschen Einheit folgten die schwierigen Zeiten, in denen die Deutschen in Ost und West erkennen mussten, dass der Weg zur inneren Einheit mühseliger und langwieriger ist, als zunächst gedacht und erhofft. Täuscht der Eindruck, dass diese Umbruchszeit sich heute dem Ende zuneigt und wir nach zwanzig Jahren auch die Mauerreste in unseren Köpfen endlich beseitigt haben?

Das Jahr 1989

Sie wollen nur noch weg, endgültig. Immer mehr Bürger packen 1989 ihre Koffer, um das ungeliebte Land DDR hinter sich zu lassen. Es ist eine Abstimmung mit den Füßen, die zu einer riesigen Ausreisewelle anwächst. Seit Mai machen sich viele nach Ungarn auf, um von dort in den Westen zu gelangen. Denn Ungarn hat beschlossen, den Eisernen Vorhang zu entschärfen und die Grenzsicherungen nach Österreich zurückzubauen, etwa (Bild links unten) bei Hegyeshalom (Ungarn) und Nickelsdorf (Österreich). Der Grenzübertritt ist weiterhin illegal, doch warten Tausende DDR-Bürger in Budapest und in der Grenzzone auf ihre Chance zur Ausreise. Zwei von ihnen sind mit der wenigen Habe, die sie in Taschen und Koffern tragen können, auf dem Weg in das ungarische Flüchtlingslager Csilleberc (Bild links oben). Sie haben ihrer Heimat endgültig den Rücken zugekehrt. Andere kampieren wochenlang im Freien, auf den Straßen, wie hier eine Familie mit Trabi am 15. August vor der westdeutschen Botschaft in Budapest. Knapp einen Monat später, am 11. September, wird sich für sie die Grenze in den Westen öffnen.

Das Jahr 1989

Im September 1989 spielen sich dramatische Szenen in und vor der westdeutschen Botschaft in Prag ab. Tausende DDR-Bürger stürmen die Botschaft, um sich unter die Obhut der Bundesrepublik zu stellen und ihre Ausreise zu erzwingen. Längst sind die Tore des überfüllten Botschaftspalais geschlossen, doch klettern die Flüchtlinge – wie diese Familie mit ihren Kindern am 29. September – über den Zaun, um auf das Gelände der Botschaft zu kommen (Bild oben). Dort sind auf engstem Raum Zelte aufgebaut, um den Besetzern eine Notunterkunft zu geben und sie, so gut es eben geht, zu versorgen (Bild rechts oben). Im Hintergrund sieht man den Hradschin, den Prager Burgberg. Am 30. September löst sich endlich die Spannung, als die DDR-Regierung auf Druck von Prag und Moskau die Ausreise der Botschaftsbesetzer erlaubt. Im bayerischen Hof wird einer der Züge von einer jubelnden Menschenmenge begrüßt (Bild rechts unten).

Das Jahr 1989

Die einen gehen weg, die anderen bleiben und halten nicht mehr länger still. Das Selbstvertrauen der Opposition wächst rapide im Laufe dieses Jahres, bis Massendemonstrationen im Herbst die friedliche Revolution zum Erfolg führen.

Am 7. Mai wird die Staatsmacht zum ersten Mal bei den Kommunalwahlen herausgefordert. Die Bürgerrechtsgruppen stellen überall im Land Wahlbeobachter, die massive Fälschungen bei der Stimmauszählung beurkunden und öffentlich machen. Formal sind Wahlen in der DDR geheim und frei. Doch schon mit der Nutzung der Wahlkabine wird man auffällig. Unter dem strengen Blick Erich Honeckers faltet hier eine Berliner Bürgerin ihren Stimmzettel am 7. Mai 1989 (Bild links). Das Lächeln der Wahlhelferin an der Urne spricht dafür, dass hier eine Ja-Stimme zur Einheitsliste abgegeben wird. Die Wahlkabine am anderen Ende des Wahllokals wurde nicht benutzt.

Ein halbes Jahr später ist dieses Land nicht wiederzuerkennen. Der Ruf nach Demokratie dringt vor bis zum Sitz der Volkskammer im »Palast der Republik«. Teilnehmer einer Massendemonstration in Berlin am 4. November haben ihre Forderung nach »Demokratie jetzt und hier« ungehindert am Parlamentsgebäude angeschlagen (Bild rechts unten). Die Künstlerin Bärbel Bohley, eine der wichtigsten Figuren der jungen Bürgerrechtsbewegung »Neues Forum«, kann an diesem Tag zufrieden sein (Bild rechts oben). Berlin erlebt die größte Kundgebung in der Geschichte der DDR mit fast einer Million Teilnehmern. Sie fordern freie Wahlen, Reisefreiheit und eine grundlegende Reform der sozialistischen Wirtschaftsordnung. Vier Tage später, am 8. November, muss das DDR-Innenministerium das »Neue Forum« als erste Oppositionsgruppe anerkennen. Am folgenden Tag fällt die Mauer.

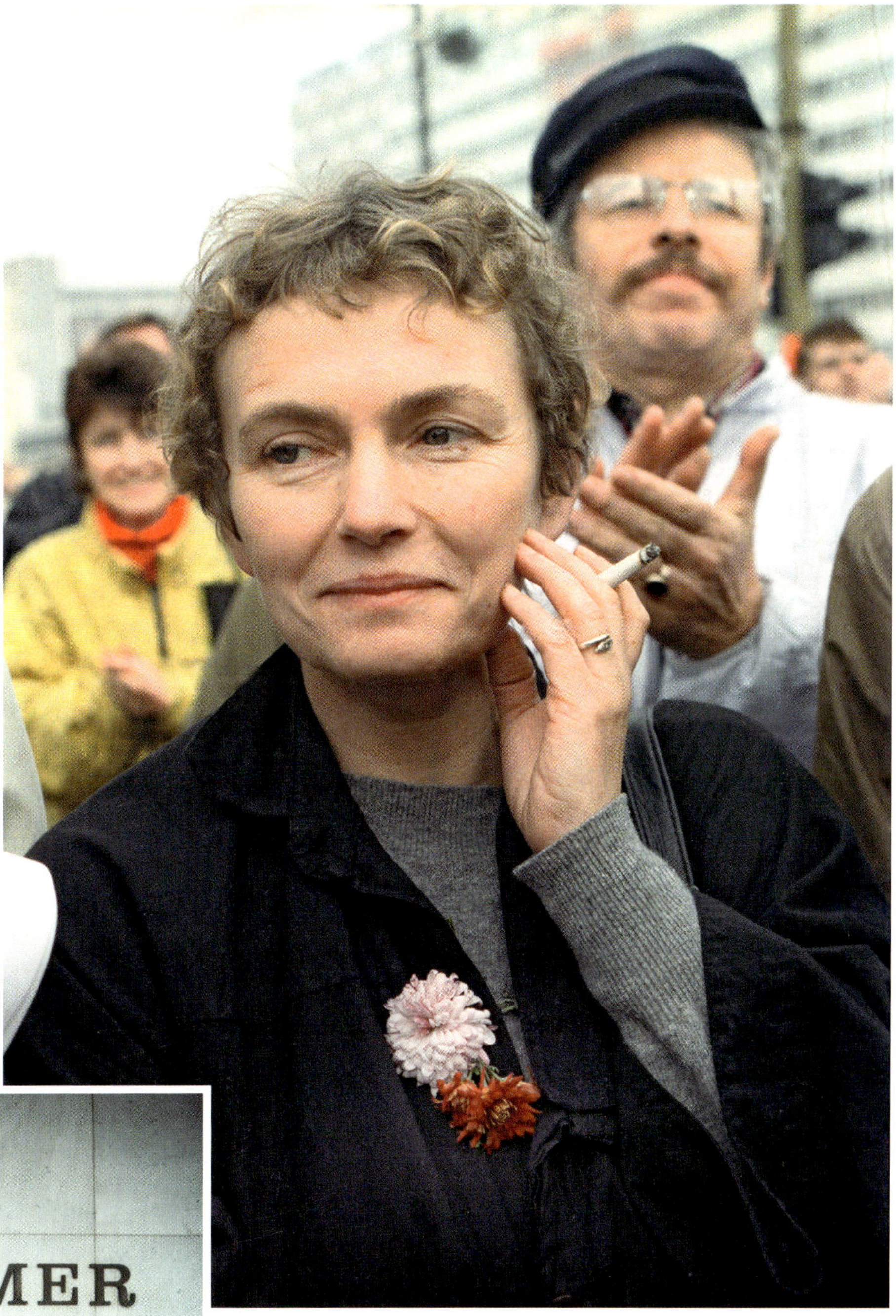

VOLKSKAMMER
DER DEUTSCHEN
DEMOKRATISCHEN
REPUBLIK
DEMOKRATIE
JETZT + HIER
KEINE GEWALT!

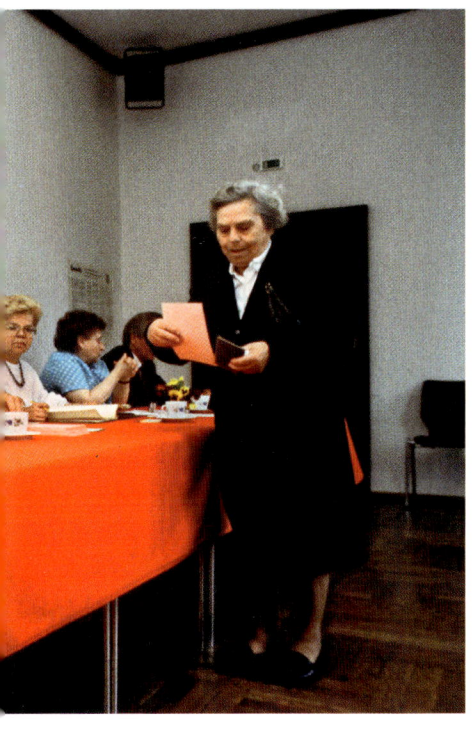

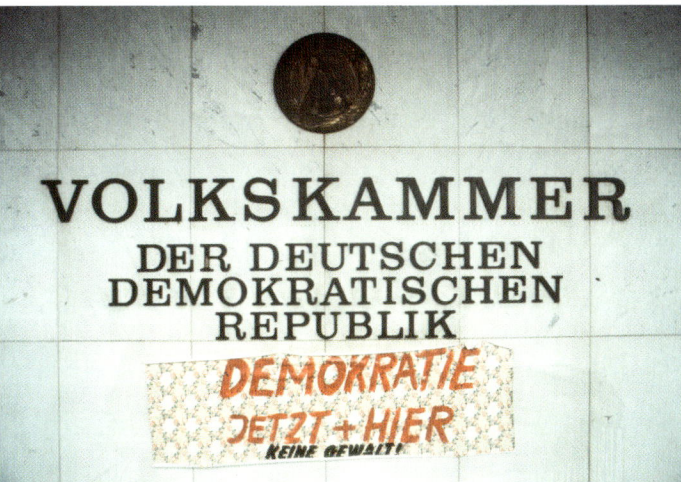

Das Jahr 1989

Die »Heldenstadt« der friedlichen Revolution ist nicht Berlin, sondern Leipzig. Es sind Tausende, dann Zehntausende Mutige, die vom Karl-Marx-Platz aus immer weiter die Ringstraße entlangziehen und die Staatsmacht mit ihren Forderungen nach grundlegender Veränderung herausfordern (Bild oben). Hier ist der Geburtsort der wirkungsmächtigen Parole »Wir sind das Volk!«. Und hier kommt es am 9. Oktober zur machtpolitischen Wende. Die Einsatzkräfte müssen sich angesichts der unerwartet hohen Zahl von 70 000 Teilnehmern zurückziehen. Die bewaffnete Staatsmacht kapituliert an diesem Abend des 9. Oktober vor den Volksmassen, die sich Gewaltfreiheit auf ihre Fahnen geschrieben haben (Bild rechts oben). Bis nach dem Fall der Mauer bleibt dennoch bei vielen Menschen die Sorge, dass der Staat gewaltsam gegen die Volksbewegung vorgehen könnte. Hier zeigen Teilnehmer der Montagsdemonstration am 13. November 1989 die Aufforderung »Keine Gewalt« vor dem Sitz der Stasi in Leipzig (Bild rechts unten).

Das Jahr 1989

Der Rückzug der Staatsmacht am 9. Oktober 1989 ist keineswegs zu erwarten gewesen. Noch zwei Tage vorher hat es am 40. Jahrestag der DDR zahlreiche Übergriffe von Ordnungskräften auf demonstrierende Bürgerrechtler gegeben. Auf dem Karl-Marx-Platz in Leipzig wird am 7. Oktober ein verletzter Demonstrant von einem Freund versorgt (Bild oben). In der Nähe der Nikolaikirche stehen am selben Tag Volkspolizisten, mit Schlagstöcken, Hunden und Schilden bewaffnet, einer Gruppe von Demonstranten gegenüber, wie dieses heimlich aus einer Privatwohnung aufgenommene Foto zeigt. Einzelne Demonstranten sind aus der Gruppe heraus verhaftet worden und werden gerade auf den bereitstehenden LKW geladen (Bild rechts).

Die Botschaft, die dagegen aus der Leipziger Nikolaikirche kommt, ist Gewaltfreiheit. Die Friedensgebete, die hier eine lange Tradition haben, sind eine der Keimzellen der friedlichen Revolution des Jahres 1989. »Der Mund der Stummen sein«, so sieht Christian Führer, der Pfarrer der Nikolaikirche, seine Aufgabe. Die Aufnahme aus dem Herbst 1989 (Bild links) zeigt ihn bei einem der Gebetstreffen am Montagabend in der zweiten Reihe links.

Das Jahr 1989

» Das Lebenselixier für Demokratie ist die Mitbeteiligung von Demokraten. Das müssten nur noch mehr Bürger wieder begreifen! Demokratie ist schneller verloren als wieder errungen, wenn sich erst einmal Diktatoren und totalitäre Ideologien einnisten. «
Friedrich Schorlemmer

Die unvergessliche Nacht vom 9. auf den 10. November 1989: Glückstrunkene, tanzende Menschen auf der Mauer am Brandenburger Tor zeigen der Welt, dass Unfreiheit und Teilung ein Ende haben. Das hässliche Bauwerk, eine Architektur der Gewalt und des Todes, ist von einer friedlichen Revolution überrollt worden. Der Schrecken ist gebannt (Bild rechts).

In Berlin und an der innerdeutschen Grenze ist nicht viel von der Mauer geblieben, nur einige hundert Mauersegmente sind noch am originalen Ort erhalten. Es gibt Erinnerungshilfen, etwa den Berliner Mauerweg, der als Gedenkpfad den ehemaligen Verlauf der Mauer nachzeichnet. An der Bernauer Straße ist die Wunde noch wahrnehmbar: Kleine Blumenkübel markieren die Mauerlinie auf unbegrüntem Gelände, das an den früheren Todesstreifen denken lässt (Bild links).

Über dieses Buch

Der Autor
Dr. Eberhard Heuel ist Historiker und Sprachwissenschaftler. Nach Lehrtätigkeiten an den Universitäten Marburg und Pisa/Italien arbeitet er heute an der FernUniversität in Hagen.

Danksagung
Der Verlag dankt Herrn Bernd Schütze, Leipzig, für seine freundliche Unterstützung.
Folgende Texte wurden mit freundlicher Genehmigung aus Büchern der Zeitgut Verlag GmbH zitiert:
Wolfgang Balke: Nur nicht mit den Wölfen heulen. Eine Jugend in Neuruppin 1945–1953. Berlin 2004 (Seite 55)
Fritz E. Gericke: Treiben gegen den Strom. Erinnerungen an ein widerspenstiges Leben 1940–1994. Berlin 2005 (Seite 47, 59, 91)
Udo Wanke-Kreh: Das erste Leben. Erinnerungen eines Nichtangepassten 1947–1972. Berlin 2003 (Seite 88, 111)

Bildnachweis
Alle Fotos: dpa picture-alliance
außer: Jörg Hübsch (Seite 190/191)

Impressum
Es ist nicht gestattet, Abbildungen und Texte dieses Buches zu digitalisieren, auf digitale Medien zu speichern oder einzeln oder zusammen mit anderen Bildvorlagen/Texten zu manipulieren, es sei denn mit schriftlicher Genehmigung des Verlages.

Weltbild Buchverlag
–Originalausgaben–
Copyright © 2009 Verlagsgruppe Weltbild GmbH,
Steinerne Furt, 86167 Augsburg
Alle Rechte vorbehalten

Projektleitung: Gerald Fiebig
Redaktion: Carmen Dollhäubl
Umschlaggestaltung: GROW communications Agentur für Werbung
 und Gestaltung, Augsburg
Umschlagfoto: mauritius images/Imagebroker/Norbert Michalke
Innengestaltung, Typografie, Realisierung: avak Publikationsdesign, München
Gesetzt aus der Magna von Herbert Thannhaeuser
Reproduktion: Point of Media GmbH, Augsburg
Druck und Bindung: aprinta Druck GmbH & Co. KG, Wemding

Gedruckt auf chlorfrei gebleichtem Papier

Printed in the EU

ISBN 978-3-86800-106-8